全民阅读体育知识读本

U0723938

射击、射箭
——瞬间的准确

盛文林/著

台海出版社

图书在版编目（CIP）数据

射击、射箭：瞬间的准确／盛文林著. －－北京：
台海出版社，2014.7

（全民阅读体育知识读本）

ISBN 978－7－5168－0421－6

Ⅰ.①射… Ⅱ.①盛… Ⅲ.①射击运动－基本知识
②射箭－基本知识 Ⅳ.①G871②G887

中国版本图书馆 CIP 数据核字（2014）第 174945 号

射击、射箭：瞬间的准确

著　　者：盛文林

责任编辑：王　萍　　　　　　　装帧设计：视界创意
版式设计：林　兰　　　　　　　责任印制：蔡　旭

出版发行：台海出版社

地　　址：北京市朝阳区劲松南路 1 号　邮政编码：100021

电　　话：010－64041652（发行，邮购）

传　　真：010－84045799（总编室）

网　　址：www.taimeng.org.cn/thcbs/default.htm

E － mail：thcbs@126.com

经　　销：全国各地新华书店

印　　刷：北京一鑫印务有限公司

本书如有破损、缺页、装订错误，请与本社联系调换

开　　本：655×960　　　1/16

字　　数：130 千字　　　　　　　印　　张：12

版　　次：2014 年 10 月第 1 版　　印　　次：2021 年 6 月第 3 次印刷

书　　号：ISBN 978－7－5168－0421－6

定　　价：29.60 元

前　言

　　射击是射手用枪支对既定的目标进行精准发射和命中的过程，包括军用枪、警用枪、运动枪和特种枪支射击等。当射击作为体育比赛项目时，主要包括手枪和步枪等的训练和竞赛。射击竞赛分成各种项目，以命中的环数或靶数计算成绩。射击首次列入现代奥运会是在 1896 年的雅典奥运会。1897 年举行了首届世界射击锦标赛。1907 年世界射击联盟成立。

　　在现代奥运史上，除了 1904 年第 3 届奥运会和 1928 年第 8 届奥运会外，射击在各届奥运会中都是正式比赛项目。1984 年第 23 届奥运会上，许海峰在射击比赛中获得冠军，实现了中国奥运史上金牌零的突破，掀开了中国体育史新的一页。

　　参加射击活动既能学习技术，又可锻炼身体。射击一经开始，就必须连续射完规定的弹数，不得中断。因此，要求射手具有思维敏捷、反应迅速、准确的判断能力和良好的心理自控能力，这是需要通过长期的训练来获得的。

　　射箭的渊源可追溯到大约公元前 5 万年。射箭活动曾经在古代的非洲、欧洲、亚洲等地区流行。中国的射箭历史悠久，早在旧石器时代晚期就发明了弓箭，弓箭一直是人们狩猎和军队打仗的重要武器。现代射箭运动于 14 世纪起源于英国，英格兰约克郡自 1673 年起举行的方斯科顿银箭赛，延续至今。1787 年英国成立皇家射箭协会，成为世界上最早的射箭组织。1900 年的第 2 届奥运会始设射箭项目。第 7 届奥运会后，射箭项目被奥运会取消，直到 1972 年才重新进入。最初只设男、女个人比赛，第 24 届奥运会始增设男、女单轮团体比赛。

射箭运动是一项对比赛准确性、动作技巧要求很高的运动项目，因而要求动作必须具备高度的一致性、稳定性和协调性。经常参加射箭运动，能使大脑神经细胞的工作能力得到提高，神经系统的兴奋性和灵活性得到改善，对外界刺激的反应更快、更准确。经常进行射箭运动，还可以提高人们的力量耐力、速度耐力、呼吸耐力等。

本书在编写时分射击运动与射箭运动两个项目来具体介绍，每个项目分别从项目起源、历史发展、竞赛规则、场地设施、项目术语、技术战术、裁判标准、赛事组织、礼仪规范、明星花絮、历史档案等多个方面进行简明扼要的介绍，力求使青少年朋友对这两项活动有一个比较全面而客观的了解，从而激发对体育运动的兴趣，乐于参与。

由于编者水平有限，错误不当之处在所难免，敬请青少年朋友谅解并指正。

目 录

PART 1 项目起源

射击的起源

从远古时代开始，在人们狩猎取食或者抗击敌人保护自身的同时，某些射击的形式就已经逐渐产生、发展和成型。后来人们逐渐将射击引入体育竞技领域，例如古代希腊人以射鸽比赛来祭奠他们的神灵，而到了公元 10 世纪前后，印地安人、斯拉夫人、赛尔特人和日耳曼人都举行过类似的宗教仪式。

近代射击运动是从军用射击和狩猎射击演变而来的。瑞士在 15 世纪就举办过一种火绳枪射击比赛。500 多年前，斯堪的纳维亚半岛就兴起了跑鹿射击游戏活动。大约在 1710 年，打靶射击随着燧石发火的来福枪传入美国，印第安人用它来觅食和防身，拓荒者们通过打树上的节或木板上的叉来练习枪法。美国的第一场打靶射击比赛是非正式的，当时被称为"欢乐来福"或"射鸡时间"，人们距靶子 75～90 米远进行射击比赛。

火绳枪

19世纪发明了从后膛装填子弹的步枪，射击的精确度大大提高，枪支的操作和携带更为方便，这些为射击运动的开展创造了条件。这个时期，欧美一些国家的射击运动有了一定程度的发展。特别是在1852年雷管发明后，正式射击比赛吸引了成千上万的人参与其中。19世纪30年代的早期，美国还出现了飞靶射击比赛，起初是以活鸽为靶子，后来使用玻璃球和黏土靶。

射箭的起源

射箭有悠久的历史，其渊源可追溯到大约公元前5万年。射箭活动曾经在古代的非洲、欧洲、亚洲等地区流行。它最初用于打猎和战争，当时的射手就是猎人，他们用弓箭捕杀动物维持生存。后来弓箭变成了战争中可怕的武器。公元前5000年古埃及人就掌握了如何使用弓箭。古代文明中，弓箭是使用非常普及的武器。许多神话人物，如阿波罗和奥德修斯，都佩戴着弓箭。

中国的射箭历史悠久，早在旧石器时代晚期就发明了弓箭，弓箭一直是人们狩猎和军队打仗的重要武器。据考古发现，它在距今两万八千多年前就已经出现了。考古工作者在山西峙峪人文化遗址，曾经发现了一件距今两万八千年前的石箭头，这表明当时人类已经在开始使用弓箭了，这是用石头磨制的箭头，绑在木杆上作为当时射箭的用具。

狩猎

摩尔根在《古代社会》

一书中，把弓箭的发明使用，作为由中级蒙昧社会向高级蒙昧社会开始过渡的一个重要标志。他说："由于有了弓箭，猎物便成了日常食物，而打猎也成了普通的劳动部门之一了。"弓箭的使用对于上古社会的进步起了极大的促进作用。由于弓箭具有强大的杀伤能力，增加了人类征服自然的威力。

古希腊人举行射箭比赛，用弓箭把鸽子从高处射下以祭祀神灵。有资料表明，印度人、波斯人、斯拉夫人、塞尔特人和德国人也举行类似的仪式。但是到了公元 10 世纪，它们被归为体育运动。

PART 2 历史发展

射击运动的历史发展

1896 年第一届现代奥林匹克运动会之前，欧洲不少国家已经成立了射击协会等组织，并相继举行过射击比赛。1897 年举行了首届世界射击锦标赛。1907 年，8 个国家组成了国际射击联盟，简称国际射联（UIT）。国际射联是国际奥委会正式承认的国际射击运动在国际和世界水平比赛中唯一的管理机构，如今有 100 多个成员国。

1900 年的巴黎奥运会上，鸽子被用作移动靶子，后被人们意识到这是不道德、不符合体育精神的做法，于是出现了黏土做的鸽子靶子。

在现代奥运史上，除了 1904 年第 3 届奥运会和 1928 年第 8 届奥运会外，射击在其余各届奥运会中都是正式比赛项目。1896 年在雅典举行的第一届奥运会上，射击比赛设 5 个项目。1920 年第七届奥运会上增加到 21 个项目，也是迄今为止历届奥运会中射击设项最多的一次。2008 年北京奥运会，射击项目设置了 15 个比赛项目。

从 1968 年起，允许女子运动员参加奥运会射击比赛，但当时并没有设专门的女子项目，她们可与男子同场竞技。从 1984 年奥运会起，开始设立部分女子项目，1996 年奥运会开始将男、女射击比赛完全分开。

　　射击项目在世界上居于领先地位的国家有中国、美国、俄罗斯和德国等国家。中国射击健儿在奥运会上成绩斐然，在已参加的奥运会中一共获得了 19 枚金牌。尤其值得一提的是，1984 年第 23 届奥运会上，我国运动员许海峰在射击比赛中获得冠军，取得了中国奥运史上的第一枚金牌，打破了零的纪录，在中国体育史上具有里程碑的意义。

　　与射击作为奥运会的一个项目相比，世界射击锦标赛则是由国际射击联合会主办的一项最高水准的专门射击运动。在成功举办 1896 年夏季奥林匹克运动会后，世界射击锦标赛创办于 1897 年。比赛在法国里昂举行，瑞士队获得冠军。从 1897 年到 1931 年世锦赛每年举行一次，后来因为战争一度中断，从 1950 年开始每四年举行一次，射击世锦赛起初只进行 300 米步枪比赛，到 1900 年开始加入 50 米手枪比赛，之后几经修改，一直到 1994 年米兰举行的世锦赛，一系列深刻的改革被采用，举办了青年世锦赛、飞碟世锦赛和气枪世锦赛等，一直延续至今。

　　世界射击锦标赛比赛项目：男子有 52 项，女子 14 项。此外，国际射联还在不举行奥运会和世界射击锦标赛的年度，分别举办飞碟、移动靶和气枪项目的单项世界锦标赛。

　　射击项目的基本类别是步枪射击、手枪射击、跑靶和抛靶射击，以及双向飞碟射击。步枪射击姿势有立势，跪势和

坐姿射击奥运标志

卧势。步枪和手枪的标准靶由 10 个靶环构成，排列是从 1 环到 10 环。最外面的靶环为 1 分，靶心为 10 分，按运动员夺得总分数排列名次。

射箭运动的历史发展

现代射箭运动于 14 世纪起源于英国，它由武士的军事需要演变成娱乐运动。16 世纪出现了三种射箭的运动形式：第一种是对靶射箭，第二种是地靶射箭，第三种是漫游射箭。三项重要的世界射箭锦标赛是：世界室外射箭锦标赛，世界室内射箭锦标赛以及世界野外射箭锦标赛。

英格兰约克郡自 1673 年起举行的方斯科顿银箭赛，延续至今。1787 年英国成立皇家射箭协会，成为世界上最早的射箭组织。18 世纪初，射箭传入美国，1828 年成立费城射箭联合会。1844 年举办第 1 届全英射箭锦标赛。1861 年英国射箭协会成立，统一竞赛规程。1879 年成立全美射箭协会，同年在芝加哥举行第 1 届全美射箭比赛。

英格兰约克郡

1931 年，以英国和法国为主，成立了国际射箭联合会，总部设在意大利米兰。同年在波兰的里沃夫举行了第 1 届世界锦标赛。在世界射箭运动中占优势的国家有美国、俄国和韩国。

除射准比赛以外，还有射远比赛、野外射箭比赛、地环靶射箭比赛等。国际射箭联合会规定的射箭比赛分为单轮和双轮的个人赛和团体赛。男子项目射程分为 30 米、50 米、70 米和 90 米，女子项目射程分为 30 米、50 米、60 米和 70 米。单轮比赛每个运动员须进行 4 个射程的比赛，每个射程每人射 36 支箭。两个单轮赛 4 天共射 288 支箭，叫双轮赛，以箭中靶环数多少记分，靶心为 10 环，依次向外递减。1900 年的第 2 届奥运会始设射箭项目。第 7 届奥运会后，射箭项目被奥运会取消，直到 1972 年才重新恢复。奥运会射箭比赛是世界上最重要的射箭比赛之一。最初只设男、女个人全能比赛，第 24 届奥运会始增设男、女单轮团体比赛。

　　射箭运动在中国有着悠久的历史，但是现代射箭运动却开展较晚。新中国成立前，射箭作为武术项目中的表演项目，新中国成立后，1955 年以前射箭仍然为表演项目，1956 年开始列为比赛项目，1959 年才开始按照国际规则举办比赛。射箭运动先后在中国 25 个省、自治区、直辖市开展起来，1961 年上海运动员赵素霞首次打破世界纪录，从 1961 年至 1994 年间，先后曾有赵素霞、李淑兰、徐开才、王锡华、孙春兰、石桂珍、王荣娟、扎拉嘎、姜胜玲、黄淑艳、宋淑贤、王文娟、孟凡爱、孙伟、刘光志、王晓竹、林桑、张帆等优秀运动员，共计 46 次打破世界纪录。著名女运动员李淑兰一人 11 次打破个人世界纪录，6 次与队友打破团体世界纪录，她是中国体育史上打破世界纪录最多的优秀

内蒙古那达慕大会上的射箭比赛

运动员。

中国射箭运动也很普及，特别是少数民族地区开展较好，每年少数民族的节日都举办民族形式的射箭比赛。如青海省藏族举办射远比赛、拉弓比赛、射准比赛。内蒙古的那达幕大会进行传统的骑马射箭、射准比赛。四川省的地区、市基本上都建立了射箭业余体校，成立了 16 个队，成为中国从事射箭运动最多的省，向全国输送运动员上百人。

PART 3 竞赛规则

射击的竞赛规则

射手和领队的行为规则

领队应熟知规则和规程，保证射手在规定时间携带规定的装备到达射击位置，如没有专设领队，必须在比赛开始之前指定 1 名射手为领队。在国际射联锦标赛中，当射手在射击区内就不允许进行指导，禁止教练员进入射击区内。所有枪支，即便是空枪，在操作时也必须极其小心。携带枪支必须打开枪机，使枪口指向安全的方向，向上或向下。不用的枪要放在枪架上。未经本人允许禁止触摸或摆弄他人的枪。射手只许在射击位置上或指定区域内预习，只有在轮到该射手射击并在碟靶抛出后才可以射击。禁止对其他射手的碟靶瞄准或射击，禁止对人或其他动物故意瞄准或射击。试枪必须在裁判员的允许下，一组开始之前，在靶场内进行。裁判员下达"装弹"口令之前，不得将子弹装入到枪的任何部位。射手离开射位必须打开枪机，当出现不规则靶或射击中断时，也应打开枪机，在继续射击之前不得关闭。射手不得中断正常的比赛，除了按规则规定叫靶，报告"准备好"，提抗议和回答裁判员的询问外，应限制说话。射手在其左边的射手完成射击之前，不得关闭枪机。在1号射位和5号射位之间移动时必须打开枪机，在从5号射位转移到6号（或1号）射位时，也必须打开枪机，不得装弹。

竞赛中的安全规则

国际射联规则中仅提到国际射联锦标赛所需的特定安全规则，各国应根据本国的不同情况对靶场制定出必要和具体的安全规则。组委会必须知道靶场安全的原则和采取必要的安全措施。并对安全问题负责。为了射手、靶场工作人员和观众的安全，在操作和携带武器时必须十分谨慎，在任何地方都要自觉遵守。如缺乏这种自觉性，裁判员有责任进行制裁。在危及安全的情况下，仲裁委员或裁判员有权随时中断射击，在出现任何危险情况或可能产生意外时，射手和队里官员应立即向裁判员或仲裁委员报告。除武器检查员、裁判员或仲裁委员外，未经许可，任何人不得擅自摆弄他人枪支。为了保证安全，所有枪支必须始终注意保管。只有在射击地线上，并下达"放"或"装子弹"的命令或信号后，射手方可装填子弹。射手射完最后一发子弹，离开射击地线前，必须将枪交裁判员检查，确保枪膛和弹夹内无子弹。经裁判员同意，空枪练习是可以的，但只能在射击线上或指定的地方进行。当射击地线前方有操纵人员时，不允许持枪。除在射击位置上并下达装子弹口令后可以装子弹外，其他任何地方和任何时候都不得装子弹。当发出"停放"或"退子弹"的命令或信号时，射手必须停止射击，退出子弹，并使枪处于安全状态，当有重新射击的命令或信号发出后，才能继续射击。裁判长或裁判员负责下达"装弹"、"放"、"停放"或"退子弹"等命令，同时检查命令的执行情况和枪是否处于安全状态，在"停放"命令发出后，未经允许继续装子弹或装弹夹者，可以取消其比赛资格。同时建议射手和地线附近的工作人员应戴上耳塞、耳罩或类似的护耳装置；要求射手配戴射击眼镜或类似护眼器。即使步枪有弹匣也只能装一颗子弹，不射击时，必须退出子弹，打开枪机。

手枪项目竞赛规定

射击程序

靶子移动可以由靶子操纵员控制，其位置应该在射击地线后边，既不干扰运动员又便于看到裁判员和听到其口令的地方，靶子也可以由裁判员遥控。该项目比赛开始前或没有轮到该射手射击以前，没有裁判员的允许不能射击。正式比赛前或结束后，发射的子弹或比赛后没有发射的所有子弹，均计脱靶，除非是裁判员或仲裁委员会允许增加时间。在10 米或50 米靶场，如果没有一挂钟，裁判员必须在比赛结束前的10 分钟和5 分钟大声向射手宣布剩余时间。在手枪速射和其他项目的速射阶段中，时间的计算是从靶子开始转正瞬间转到靶子转侧的瞬间止。在手枪慢射和其他项目的慢射阶段中，时间的计算是从"放"开始到"停放"口令（或相应的信号）止。在比赛中，当一组或一个阶段结束后，必须下达"退子弹"的命令，当一组射击受到干扰时，射手必须立即退出子弹。射手可以使用观察镜观察弹着，但不能有助手或教练。在所有25 米项目比赛中，装弹不能超过5 发，在手枪慢射、气手枪、标准手枪女子小口径手枪和中心发火枪的慢射阶段，射手可以在比赛前10分钟进入射击位置做准备，此时试射靶必须转正，允许空枪击发。在手枪速射女子小口径手枪和中心发火手枪的速射阶段，射手可以在靶子转正后准备3 分钟，此时允许空枪练习，3 分钟后，裁判员下令"装子弹"。如果一个项目分成两个部分，所有射手必须打完第一部分，才能开始第二部分。一个射手打完第一发试射后，不得换人。

手枪速射项目的特殊规定

手枪速射项目用国际手枪速射靶。该项60 发记分射，分成2 个阶段，每阶段30 发分6 组射击，每组5 发，两组8 秒，两组6 秒，两组4秒，每组对5 个靶子各打1 发，在规定的期限内打完。每阶段开始前，射手可以打一组试射。8、6、4 秒任选。所有射手打完第 1 阶段后，才能进行第 2 阶段。射击总是从每个地段的左边位置的射手开始，如果左边射手的枪发生故障，待右边的射手打完后，再进行重射。报"装子弹"前裁判员必须报出该组的时间（如 8 秒、6 秒组等）或用信号装置显示，这个装置的尺寸能使射手清楚地看到，当裁判员下达"装子弹"口令后，靶子必须转侧。裁判员下达"装子弹"口令后，射手必须在 1 分钟内作好该组射击的准备，当射手准备完毕，并成"准备姿势"后报"好"，裁判员应立即发出"正靶"的信号，靶子必须在射手报"好"后 3 秒（±1.0 秒）转正，射击即算开始，靶子每次转正的时间应保持一致，靶子开始转正的瞬间，射手可以举枪射击。如果靶子转正太快（少于 2 秒）或太慢（超过 4 秒），射手未进行射击，可要求重射该组，如已射击则不得重射。如果射手提出显靶太快或太慢，而又未进行射击，裁判员和仲裁委员认为其要求与事实不符，可以允许射击该组，但必须在该组成绩中扣 2 环。当射手报"好"时，即为该组射击开始，此后一发射击都应记分。

中心发火手枪和运动手枪项目的特殊规定

中心发火手枪为男子项目，运动手枪（小口径标准手枪）为女子和少年项目。整个项目为 60 发记分射，分为 2 个阶段，每个阶段 30 发，2 个阶段为慢射阶段和速射阶段。慢射阶段，用国际慢射靶，包括 30 发记分射，分 6 组，每组 5 发，每组射击时间为 6 分钟。慢射阶段每阶段记分射开始前，射手可以打一组 5 发试射，时间为 6 分钟，试射靶必须有同记分靶一样的编码，每组开始前，裁判员应报出组次和"装弹"的口令，并给予足够的装子弹时间后，下达适当的口令或信号，开始射击。所有射手打完慢射阶段后，才进行速射阶段。速射阶段用国际速射靶。速射阶段为 30 发记分射，分 6 组，每组 5 发，每组射击时，靶子显示 5 次，每次 3 秒，靶在侧立位置停留 7 秒（±1 秒），每显示 1

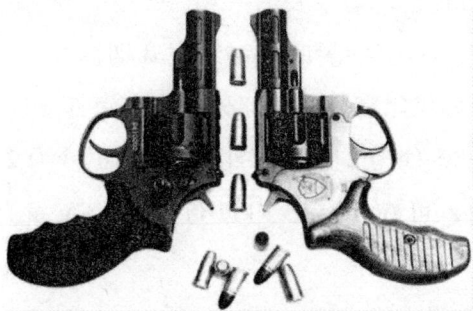

中心发火手枪

次只能射击 1 发。记分射开始前，可进行一组（5 发）试射。速射时，裁判员应报出组次和下达"装子弹"的口令，并给射手足够的准备时间，当其认为射手已准备好，必须问"准备好了吗"，此时射手必须成"准备"姿势，或在靶子转侧前报"没有准备好"。如果在 3 秒内没有相反的回答，靶即转侧，7 秒钟后，靶子转正，显示 3 秒钟。如果射手回答"没有准备好"，则裁判员应待约 15 秒后再问"准备好了吗"，并转侧靶子 7 秒钟后靶子转正，比赛开始。每发射一发后，射手必须将其手臂放下成"预备姿势"，并且他的持枪的手臂在靶子转正前，不得转动。裁判员问"准备好了吗"以后，靶子第 1 次转侧的时刻即为该组射击开始，从此每次发射都应记分。每组射击后，应记录成绩和补贴弹孔。

对标准手枪项目的特殊规定

标准手枪项目用国际慢射靶。整个项目 60 分记分射，分成 3 个阶段，每个阶段 20 分，分 4 组，每组 5 发，其中第 1 阶段为 150 秒（ +0.2 秒）；第 2 阶段为 20 秒（ +0.2 秒）；第 3 阶段为 10 秒（ +0.2 秒）。比赛开始前，可在 150 秒内进行一组（5 发）试射。裁判员应报出每组的射击时间，在下达"装子弹"的口令后，应给射手以足够的准备时间，当射手准备好，并被认为已进入"准备姿势"后，裁判员应问"准备好了吗"，这时射手均必须成"准备姿势"（150 秒阶段除外），或在靶子转侧之前回答"没有准备好"。如果在 3 秒内没有相反的回答，靶子即转侧，7 秒钟后，靶子转正按各个阶段规定的时间显示。如果射手回答"没有准备好"，则裁判员应待约 15 秒后再问"准备好了吗"，然后靶子转侧，7 秒后转正，射手发射一组（5 发）子弹。在裁判员问"准备好了吗"后，靶子转侧的瞬间，该组比赛即算开始，此后发射的每发子弹都计算成绩。如果比赛分成 2 部分进行；每部分应包括：150 秒为 2 组，每组 5 发；20 秒为 2 组，每组 5 发；10 秒为 2 组，每组 5 发。每个部分开始前，可在 150 秒内进行 1 组（5 发）试射。

对手枪慢射项目的特殊规定

手枪慢射使用国际慢射靶。整个项目为 60 发记分射，分 6 组，每组 10 分。射击时间，包括试射共 2 小时 30 分钟。比赛开始前，允许射手进入射击位置准备至少 10 分钟，此时显示试射靶，允许空枪击发，但不准射击。从裁判长下达"放"的口令起，比赛即算开始，此后的发射均计成绩。除裁判长或仲裁委员同意外，正式比赛时间开始前或结束后的任何发射均计脱靶，如果不能辨认哪一发是迟射的弹着，则把该靶上最高环数的弹着取消。如果使用自动靶、输送靶或升降靶则可以由射手控制换靶，也可以由检查员控制换靶，不管用什么方法，错射都是射手的责任。如果比赛分成 2 部分，每部分 30 发记分射，记分射开始前可以试射，试射弹数不限，射击总时间为 1 小时 15 分。

对气手枪项目的特殊规定

气手枪项目使用国际气手枪靶。换靶通常在裁判员的监督下由射手自行更换，10 发一组后，检查员立即收集靶纸，由专人放入保险箱内送到成绩室。男子和少年男子项目为 60 发记分射，分 6 组，每组 10 发，60 发项目的总时间包括试射，为 2 小时 15 分钟。女子和少年项目为 40 发记分射，分 4 组，每组 10 分，40 发项目的总时间包括试射为 1 小时 30 分钟。比赛开始前允许射手进入射击位置准备至少 10 分钟，此时显示试射靶，但不得射击。从裁判员下达"放"的口令起，比赛即开始，此后的任何发射均记成绩。除裁判长或仲裁委员允许外，正式比赛时间开始前或结束后的任何发射均计脱靶。记分射靶纸显示后的任何击发，不管是否装填。

对 25 米项目的特殊规定

在手枪速射中（手枪速射女子小口径手枪、中心发火枪的速射阶段和标准手枪的 20 秒、10 秒），如果射手举枪太早或没有将枪放低到适当角度，裁判员或仲裁委员必须给予警告，记录该组成绩并重射一组，按两组中成绩较差的一组计算。如果在手枪速射 30 发中，或中心发火手枪、女子小口径速射阶段和标准手枪 20 秒、10 秒中再次犯同样错误，按同样步骤处理，但要从该射手的成绩中扣除 2 环。第 3 次再犯时则取消比赛资格。如果射手装弹超过 5 发，应从该组中扣除 2 环。下达"装子弹"口令前，每射击 1 发，在第 1 组中扣除 10 环。下达"装子弹"口令后，该组比赛开始前的任何发射，都不计成绩，但要在该组成绩中扣除 2 环，试射例外。在慢射阶段"停放"口令或信号发出后的发射记脱靶，如果不能辨别哪一发是迟射的弹着，则将最高环数的弹着记为脱靶。在手枪速射项目或有关项目的速射阶段中，靶子转动时发射的弹孔，水平方向测量，如果小口径弹孔不超过 7 毫米；中心发火手枪弹孔不超过 11 毫米均计为命中。在 25 米项目记分射时，如果射手每组或靶子每显示 1 次，发射超过规定的弹数，每超过 1 发扣除 1 发最高环数的弹着，并从该组成绩中扣除 2 环。如果射手在试射中超过规定的弹数，或超过裁判员（或仲裁委员）批准的弹数，每多射一发，即从第 1 组记分射成绩中扣除 2 环。在 25 米项目中，如果射手试射时错射在他人靶上，即不再重射，也不受处罚，如不能尽快地辨别错射弹着属谁，被错射者有权要求重新射击。记分射错射均记脱靶。如果射手被错射一发而又不能判定是哪一发，应判给被错射者最高环数的一发。

在手枪速射项目中，采用补弹孔的方法时，如靶上出现超过规定的弹着，而且不能确定是否被补过时，射手可接受最低环数的规定发数也可重射该组，但不得高于靶上最高环数或低于最低环数。如果射手认为从报"好"到靶子转正的时间太快或太慢，应退出子弹，将枪放于桌上并向裁判员或仲裁委员报告。如果情况属实可重新开始射击；如果情况不属实，也可射击该组，但应从该组成绩中扣 2 环；如果射手在该组中已发射了第 1 发，则其报告无效；如果射手已发射了第 1 发，然后停射，向裁判员报告，那么该发有效，该组不能重射，未发射的子弹均计脱靶；如果射手认为该组显示不足，应在该组射完后立即向裁判员或仲裁委员报告，裁判员和仲裁委员应核实控制器的时间。如果情况属实重射该组；如果情况不属实，该组成绩有效。如果由于裁判员的错误口令或行为以致靶子显示时射手没能发射，其射手可将枪放下，该组比赛后，立即向裁判员或仲裁委员报告，若情况属实，允许射手发射该组；若情况不符，射手也可重射，但应从该成绩中扣除 2 环；若射手发射了该组的第 1 发子弹，其报告无效。

若由于安全或技术故障的原因，不是射手原因造成的中断，可按下列办法处理：如果中断的时间超过 15 分钟，仲裁委员可以给予 5 发或一组额外的试射；在慢射项目或有关项目的慢射阶段中，射手可以要求延长射击时间，完成该组射击，如果中断发生在该组中，额外试射在中断的该组中进行；在速射项目或有关项目的速射阶段，被中断的该组作废，重射一组，成绩按重射组计算。射手认为在一发射击或速射项目的一组射击中被干扰，应放下枪支，立即向裁判员或仲裁委员报告。如果情况属实，该发或该组作废，射手可重射该发或该组；如果情况不符，而且射手已打完该组，则该发或该组有效；如果情况不符，但射手由于报告干扰而未打完该组，射手可以重射该组，其成绩按以下办法计算：在手枪速射项目中，按每靶中最低环数的弹着计算；在女子小口径手枪、中心发火枪和标准手枪项目中，成绩按靶上最低 5 发弹着计算；从重射组中扣除 2 环；在任何一组的重射中，5 发必须全部中靶，任何没有发射或没有命中的子弹均计脱靶。

自选手枪和气手枪项目的特殊规定

如果射手在一张记分射靶上多射时，前两次不受处分，从第 3 次起，每多射 1 发扣 2 环，并在下张靶纸上减少相应的发数，称为 1 张靶上多射。成绩统计过程中，应使每张靶纸都达到规定的弹数。如果依靠检查员的记录在适移多射弹着时，不能辨清哪发应该适移时，则把最低环数移到下张靶上，或把最高环数移到前张靶纸上，以便使射手不能获"倒数"的优势。如果比赛中射手发射的弹数超过该项规定，则超过的弹数无效，称为记分射的多射。如无法辨认，则将靶上有争议的弹着中的最高环数作废，而且每超过 1 发，射手还要受到从第 1 组的最低环数的那发中扣除 2 环的处罚。如果射手比赛靶上的弹着超过该项规定，并且不能确定是谁所射，则最高环数的该发或几发为无效。记分错射记脱靶。如果试射打在别人的记分靶上，该射手应受到从自己成绩中扣除 2 环的处罚。如果射手被错射而又不能辨明哪一发是被错射，应判给该射手最高环数的弹着。如果在射手的记分射靶上命中的弹着超过了规定的弹数，并且不能辨明谁射的，最高的一发或几发取消。

如果射手认为报靶太慢，可将此情况报告给裁判员，裁判长和仲裁委员认为情况属实，则必须纠正，如情况得不到改进，射手或领队可向仲裁委员会提出抗议，仲裁委员会应准许给射手延长最多 10 分钟的时间，在比赛的最后 30 分钟内，不得提出此要求。如果因非射手的过失"停放"连续 3 分钟时，必须补给该射手失去的相同时间。如果射手被中断射击达 5 分钟，其可从剩余时间（包括同意延长的时间）开始时，在一个试射靶上进行试射，弹数不限。如果使用自己报靶系统，不能更换新的试射靶纸，则试射弹可打在不用的记分靶纸上，错过的记分射可根据地段裁判员或仲裁委员的指示，打在下张记分靶纸上。对所有的处罚、扣环、增补时间等情况，仲裁委员或地段裁判员必须清楚地标记在靶纸、报告单、检查员的成绩单和成绩公布板上，以便引起裁判员的注意。低环数的弹着来计算；在女子小口径手枪和中心发火手枪项目的速射阶段，发射的子弹应予记录并完成该组射击15发子弹按正常方法计算。

如果裁判员检查枪支后认为是"不允许故障"，可按"允许故障"的相同程序处理，但"不允许故障"的该发记脱靶并称下列办法处理：在手枪速射项目中记录发射的弹着，该组重射；在两三组中按每靶上最低环数的弹着计环，每次出现的"不允许故障"的该靶记为零环；在标准手枪项目、女子小口径手枪和中心发火枪项目的慢射阶段中，记录发射的弹着，该组重射；成绩按两组中4发最低环数的弹着或三组中按3发最低环数的弹着计算；在女子小口径枪和中心发火手枪项目的速射阶段，发射的弹着应记录，"不允许故障"的该发算脱靶，该组剩余的弹数继续射完。

在手枪速射和标准手枪项目中，任何一组重射均应命中5发，重射中任何未发射的或未命中的子弹均计脱靶。手枪速射、女子小口径手枪和中心发火枪项目的每阶段（30发）的故障重射允许两次，在标准手枪4组150秒允许两次，20秒与10秒共8组允许两次。如果在手枪速射、女子小口径手枪、中心发火枪项目和标准手枪项目的150秒（4组）及20秒、10秒（共8组）两次的故障后又出现故障，只将实际发射弹着的环数判给射手，该组不得重射，未发射的子弹均计脱靶，射手可继续完成该项剩余组数的射击。在女子小口径手枪、中心发火枪和标准手枪项目中，中断的组次将在同一阶段，跟着正常比赛的组次进行重射，最后一组，在所有射手射完本阶段后继续进行。

对手枪射手姿势的要求

射手在规定的射击位置上必须自由站立，不得有任何依靠，只能单手握枪和射击，握枪的手腕必须绝对自由，在持枪的手和臂上禁止戴有可起支撑作用的手镯、手表、护腕以及类似的东西。在所有 25 米速射项目中（手枪速射女子小口径手枪和中心发火手枪的速射阶段，以及标准手枪的 20 秒、10 秒组），射击必须从准备姿势开始。准备姿势时射手的单臂必须指向前下方，并且于垂线的夹角不许大于 45°。等待靶的出现并当靶开始转正时，射手方可举枪射击。

同分决赛

如 2 名或 2 名以上的射手在同一项目比赛中取得满环的成绩，不进行决赛。25 米个人项目成绩相同，前 3 名名次的确定方法依据：手枪速射项目的决赛射击 3 组 4 秒，决赛开始前，射手可选择 5 发 8 秒、6 秒或 4 秒的试射；女子小口径手枪和中心发火手枪项目的决赛射击 3 线（每组 5 发）速射，决赛开始前射手可进行一组试射；标准手枪项目决赛射击 3 组（每组 5 发）10 秒，决赛开始前射手可进行一组 150 秒的试射。25 米个人项目第 4 至第 10 名成绩相同名次确定方法依照：最后 10 发环数高者名次列前，成绩还相同再由后往前计算 10 发，依此类推直至分出高低；若成绩还相同，再按 10、9、8……环的数量多少评定，多者列前，如仍不能分出高低，再按射手姓氏的字母排列顺序并列同一名次，并列时应留出相应名次的位置，再排下一名次。第 11 名以下的所有相同成绩都并列，但应留相应名次的空位，再排下一名次，名次并列时按射手姓氏字母表的顺序排列。

决赛规则：决赛时应在该项正式成绩统计完成后 30 分钟内（或尽可能早）开始，如果决赛没有预先安排时间，射手应与裁判员取得联系，等待安排决赛时间和位置的通知；参加决赛的射手应在相邻的靶位进行决赛，靶位由抽签决定；试射后参加决赛的所有射手均要完成第 1 组射击，并计环报靶后方可进行下一组射击；决赛后环数仍相等时，应进行第 2 次决赛，每次决赛后同段射手的靶位必须交换，继续进行的决赛没有试射，如果 3 次决赛后仍不分胜负，参加决赛射手的名次，并列在高名次上，如射手未出席决赛，则其名次列在决赛者的最后 1 名，如 2 名以上射手未出席决赛，其名次将按照"25 米个人项目第 4 至第 10 确定名次"（见上述）规定排列；决赛期间，故障和其他犯规均按国际射联规则处理，但每次决赛只允许 1 次故障。25 米项目队赛的成绩相同时，第 1 名到第 3 名的名次按队员环数的总和及上述程序确定；第 4 名及其以下的名次，应按国际射联（奥委会）缩写的国名字母顺序排列。

自选手枪和气枪项目成绩相同：个人成绩相同时，前 10 名成绩相同，按下列顺序排列名次：按比赛中最后 10 发成绩高者名次列前，若仍相同再向前计算 10 发，依次类推直至分出高低；按 10、9、8 等环的多少；按内 10 环的多少；如仍相同，则名次并列；第 11 名及其以后的成绩相同，名次并列，在排下一个名次时，应留出相应的空位。相同成绩的射手，其名次按姓氏字母的顺序排列。队赛前 3 名名次按参加队赛队员成绩的总和及按上述个人名次的程序排列，第 4 名及其以后的名次，按国际射联（奥委会）缩写的国名字母顺序排列。

步枪项目竞赛规则及记分

步枪项目分为 10 米步枪项目和 50 米步枪项目，每个小项都采用电子靶。成绩统计方法：根据项目的不同，射手可以采用卧姿、立姿或跪姿进行射击。

资格赛阶段，射手每发子弹的成绩计为 10 环、9 环、8 环……，依此类推。在决赛阶段，每环又被细分为 10 个环值，最高成绩为 10.9 环。

男子小口径步枪 3×40 米：使用小口径步枪按卧、立、跪 3 种姿势的顺序向距离 50 米的靶各射 40 发子弹，包括试射在内的总时限为 3 小时 45 分。1952 年被列为奥运会比赛项目。

男子小口径步枪 60 发卧射：用卧姿向距离 50 米的靶射 60 发子弹，

包括试射在内的总时限为 1 小时 30 分。1908 年被列为奥运会比赛项目。

男子气步枪 60 发立射：用立姿向距离 10 米的靶射 60 发子弹，包括试射在内的总时限为 1 小时 45 分。1984 年被列为奥运会比赛项目。

女子标准步枪 3×20 米：用小口径标准运动步枪按卧、立、跪 3 种姿势的顺序向距离 50 米的靶各射 20 发子弹，包括试射在内的总时限为 2 小时 15 分。1984 年被列为奥运会比赛项目。

女子气步枪 40 发立射：用立姿向距离 10 米的靶射 40 发子弹，包括试射在内的总时限为 1 小时 15 分。1984 年被列为奥运会比赛项目。

飞碟项目竞赛规则

射击程序

射手必须按抽签的顺序射击，每个射手要按照下列规则从 1 号位开始，直到 8 号位。1 号射位：先射击 1 个单靶（从高靶房抛出），然后射击 1 个双靶，射击顺序为先射击高靶房抛出的碟靶，后射击低靶房抛出的碟靶。2 号和 3 号射位：先射击 2 个单靶，射击顺序为先射高靶房抛出的碟靶，后射击低靶房抛出的碟靶，然后射击 1 个双靶，射击顺序为先射击高靶房抛出的碟靶，后射击低靶房抛出的碟靶。4 号射位：射击 2 个单靶，射击顺序为先射击高靶房抛出的碟靶，后射击低靶房抛出的碟靶。5 号和 6 号射位：先射击 2 个单靶，射击顺序为先射击高靶房抛出的碟靶，后射击低靶房抛出的碟靶；然后射击 1 个双靶，射击顺序为先射击低靶房抛出的碟靶，后射击高靶房抛出的碟靶。7 号射位：射击 1 个双靶，射击顺序为先射击低靶房抛出的碟靶，后射击高靶房抛出的碟靶。8 号射位：射击 2 个单靶，射击顺序为先射击高靶房碟靶，后射击低靶房碟靶。在 8 号射位时，执行裁判员站在 8 号射位和 4 号射位的通道中线上，射手按射击顺序站在执行裁判员后面。第 1 个射手必须以通常的方式在 8 号射位作预备姿势，只许装 1 发子弹，先射击高靶房的碟靶，然后射体必须按顺时针向转向低靶房，对准低靶房做好预备姿势，只许装 1 发子弹，每个射手照此方法依次进行射击。在轮到射手射击之前，或得到裁判员的射击命令之前，或前 1 个射手射完并离开靶位之前，该射手不得进入射击位置。必须一组全部完成一个射位上的射击，射手才可进入下一个射位。

纪律规则

射手的双脚必须站在射击位置的界限以内。任何被射手呼叫，并按规则抛出的完整靶称为规则靶，碎靶为不完整靶，抛出的碎靶不管是否命中，都必须重抛一个规则靶。射手应准备好所有必需的装备和子弹，在指定的时间和位置上准备射击。点名时，射手未到，裁判员必须在 1 分钟之内 3 次大声点该射手的名字。如果仍未到位，裁判员必须大声宣布其缺席。一经宣布"缺席"该组比赛在没有该射手参加的情况下开始，如该射手在比赛开始后到场，可在裁判长确定的时间和地点射完漏过的轮次，但必须从补射组的成绩中扣除 3 个命中靶。被宣布为缺席的射手，必须在其所错过的轮次结束之前，亲自到裁判长那里要求获准补射，否则就取消比赛资格。如果射手所用的枪弹不符合"枪弹和装备"的规则所打的成绩记为脱靶。如果仲裁委员会发现射手是故意犯规，则取消其比赛资格；如果仲裁委员发现射手是无意识的，并且这种过失没有实质性的好处，可以不予追究。如果射手由于规则"故障"提到的原因而离开该组射击，每中断 1 次，扣除 1 个命中靶，但允许射手在以后规定的时间射击剩余的碟靶。射手未经同意而离开该组射击，该组剩余碟靶皆算脱靶。没有包括上述犯规或特殊规定的其他所有犯规行为，第 1 次给予警告，以后在 25 靶一轮比赛中每再犯 1 次，均扣除 1 个碟靶。根据仲裁委员会或申诉委员会的决定，对于违背体育道德或故意违反规则的行为，可以给予警告直至取消比赛资格的处分。

多向飞碟项目规则

碟靶飞行的距离、角度和高度赛前必须调整，由飞碟仲裁委员会检查，批准。新的抛靶谱只有在所有射手在同一靶场射完 50 个碟靶之后才能调整，抛靶机必须按有关附录所提供的规定进行调整。碟靶飞行轨迹高度，从抛靶房顶水平面起在抛靶点前方 10 米处，其高度为 1.5 米至 3.5 米，允许 0.5 米的误差（最低 1 米，最大高度 4 米）。在仲裁委员会调整好抛靶机后，每台抛靶机必须抛 1 个试验靶供射手观察，仲裁委员会一经调好抛靶机，则禁止所有射手、教练吊、领队进入靶壕。任何 1 个飞行轨迹不符合标准靶所规定角度、高度和距离的靶，为不规则靶。按规则抛出的靶被射击后，可以看见一碎片从碟靶上掉下来，该靶即判为命中。

当出现下列情况时，判为脱靶：碟靶在飞行期间未被命中；只冒烟尘而未见碎片；射手未射击其呼叫的规则靶；射手由于没打开保险，忘记装子弹，或未使枪成待发状态而未能射击；射手在第 1 枪脱靶后，由于没装第 2 发子弹或者忘记打开自动枪的弹仓制动器或由于第 1 发子弹的振动使得保险滑到保险位置，而没能发射第 2 发；枪或弹药出了故障，射手在裁判员检查枪支之前，打开了枪机或触摸了保险；在一组靶（25）比赛中，出现第 3 次或多次枪弹故障；射手无故不射击。不按规则规定抛出的靶为废靶，判定是否废靶为执行裁判员的责任。被执行裁判员宣布为废靶的靶，不管射手是否射击，是否命中，都应重新抛靶和射击。判为废靶后，必须从抛出废靶的同一台机器重抛 1 个碟靶。即使射手认为新靶是由同一组抛靶机中的另一台机器抛出的，也不得拒绝射击该靶。另外，如果射手射击 1 个规则靶后，第 2 枪不发火或出了故障，则该抛靶机要重新抛 1 个靶。在出现"废靶"后，根据情况重新抛靶。

在出现下列情况时必须重新抛靶（不管射手是否射击）：出现碎靶

或不规则靶；碟靶是由其他机组抛出；2个或2个以上的碟靶从同一机组的不同机器或同一靶场的不同组中的机器同时抛出，碟靶的颜色与比赛中所规定的有明显不同；射手不按次序射击，当出现下列情况时应重新抛靶（只要射手没有发射）：在射手叫靶以前抛的靶；在射手叫靶后，碟靶没有立即抛出，射手已把枪从肩上放下拒绝射击；如果射手的第1发由于枪、弹的故障没有打响，又没打第2发。

下列情况必须重新抛靶（即使射手已经射击）：射手的第1发没射中，第2发由于枪弹出现了除未中飞行期间的碟靶外的故障，此时，第1发子弹应计为脱靶。重新抛靶后，只能用第2发去命中碟靶，如碟被第1发子弹打中，则不计成绩。使用单扳机双管猎枪的射手，必须，在比赛开始之前向裁判员声明先射哪一个枪管，如果射手没有声明，那么对立管枪，则认为先下后上，对平管枪，则认为先右后左顺序；射手明显受到干扰；其他射手对同一靶射击；无论何种原因，在执行裁判员不能判定该靶是命中、脱靶还是废靶时，在作出最后决定之前，必须同助理裁判员商量；当轮到某一射手射出时，在其叫靶之前无意中发射了1发子弹，对于这种无意发射应给予处分或取消其比赛资格。如果此时碟靶已抛出，射手又用第2发子弹射击了碟靶，则应算有效。当2发子弹同时发射或连续发射时就不再判为废靶，成绩按2发射击的结果计算。

双向飞碟项目规则

抛靶机控制装置必须由电动或机械装置操作，该装置应安装在操纵者能看到射手和听到射手叫靶的地方。所有国际射联锦标赛都必须使用这种时间控制器，这种装置必须是不定时抛靶装置，能在射手叫靶后的瞬间，或最多3秒钟内抛出靶，抛出靶时必须使用1个按钮。在碟靶出现前，射手必须保持预备姿势双手握枪，使枪托接触髋骨的顶端。枪托不许延长，为了便于裁判员检查枪托的位置，必须在外衣的右边（左手持枪的射手的左边）贴上1个10×2厘米的标志。当射手准备射击时，必须大声干脆地喊"好"，随后碟靶必须在3秒钟内不定时地抛出。射手在其前面的射手打完之后或在裁判发出"开始"射击的信号后，必须在15秒钟内站好位置、装子弹并叫靶，在同一位置射单、双靶时，两单靶射击后，应抓紧时间进行双靶射击，靶之间的间隔不能超过15秒，否则按"纪律规则"中有关规定处理。在每组比赛开始前，该组射手必须集合在1号位置上，观察从每个抛靶房抛出的规则靶，在每次出现不规则靶之后或由于技术故障而产生中断后，射手可以要求抛1个试验靶。

弹数规定

在1号射位射击高靶房的单靶时，只许装1发子弹。在2、3、4、5及6号射位射击单靶时，必须装2发子弹；在1、2、3、4、5、6、7号射位射击双靶时，必须装2发子弹。在8号射位上，对分别从高低2个抛靶房抛出的单靶射击时，只许装1发子弹。在装2发子弹射单靶时，射手在射完第1个单靶后不得打开枪机，如果射手无意或故意打开枪机，那么在每一组25靶射击中，第1次给予警告，第2次或以后再犯皆判为脱靶。只有在1号和8号射位上，射手才可以把枪抵在肩上瞄几秒钟（不管是单靶或双靶），射手在叫期之前必须恢复"双向飞碟比赛"规则规定的预备姿势。

不规则靶

不符合规则规定的靶称为不规则靶，在射击单靶时，同时抛出2个碟靶也为不规则靶。而从2个抛靶房同时抛出的2个规则靶则称为规则的双靶。

脱靶

按规则抛出的碟靶被击中，在射击界限以内有明显的碎片掉下，该靶判为命中。但在下列情况下判为脱靶：碟靶未被击中或没有在射击边界线以内命中；只有灰粉而没碎片掉下；射手没有射击所呼叫的规则靶；射手由于没有打开保险，忘记装弹或未使枪成待发状态等原因而未能发射；射击双靶时（或需要装2发子弹射单靶时），由于射手没有装第2发子弹，而未能发射，没有打开自动猎枪弹枪弹仓的制动器，或由于射第1发子弹时的振动而形成保险状态，单扳机没有充分松开，以及其他射手本身的原因；枪支或子弹出现故障后，射手在裁判员检查之前打开了枪机或触摸了保险；即使射手换了枪或子弹，在25靶的1组中，第3次或以后多次枪或弹的故障，也判为脱靶；由于射手自己的责任造成的未能发射；按相反的顺序射击的碟靶则2个靶都判为"脱靶"。

废靶

没有按规则规定抛出的碟靶称为废靶，判是否废靶是执行裁判员的职责。由执行裁判员判为废靶的碟靶必须重抛，不管射手是否射击，也不管是否命中。如果1个碟靶被判为废靶，则重抛的靶子必须从抛出废靶的同一抛靶房中抛出的。在飞碟项目中，抛出1个废靶后，在下列情况下，不管射手是否射击，必须重抛碟靶：在出现1个碎靶；碟靶从错误的抛靶房中抛出；在抛单靶时，同时抛出2个碟靶；碟靶的颜色与规定的有明显不同；在射击双靶时，其中1个是不规则靶；在射击双靶时，只抛出1个碟靶；射手不按顺序射击；在射击单靶时，同时发射2发子弹。

在下列情况下如射手未射击可以重抛碟靶：射手叫靶之前，碟靶抛出；射手叫靶后，3秒钟内没有碟靶抛出；射手可按有关规则拒绝射击；射手的姿势或枪的位置不符合"双向飞碟比赛"规则中的要求，而且射手在同一组中没受过警告；碟靶飞行颤动，运行轨迹不规则或速度不够；非射手过错出现的枪或弹故障而导致不发火，最多可以重抛2次，不管射手一组中是否换了枪或弹，第3次和以后各次的故障都判为脱靶。无论是射出单靶或双靶，下列情况下进行了射击，则不得声明碟靶的不规则性：所指的不规则靶仅仅是飞行路线的变化，抛靶太迟或太早（当裁判员在射手"早抛"碟靶射击之前或"迟抛"碟靶射击之前，已清楚地判为废靶时除外）。

在下列情况下即使已经射击仍须重抛碟靶：射手明显地受到干扰；其他射手对同一个碟靶射击；由于某种原因，裁判员未能决定碟靶是命中、脱靶还是废靶，裁判员在作出最后决定之前必须同助理裁判商量；在轮到射手射击时，叫靶前无意地发射1发，如果使用不安全的枪或不安全操作而意外发射则应该给予处分或取消比赛资格。使用单扳机双管猎枪的射手在比赛开始前必须向裁判员声明其先用哪支枪管打，如果射手没有声明，则按立管猎枪的下管或平管猎枪的右管为第1发射击。

对双靶的特殊规定

下列双靶必须判为废靶，射手必须重新射1个双靶，以决定其2发的成绩：1个碟靶是规则的，另1个碟靶是不规则的，不管是否被命中；由于枪或弹的故障，射手未能对第1个靶射击；射击双靶时，其中1个靶是不规则靶，如果射手已经射击了，2个碟靶则记录双靶的成绩，并不得对飞行路线的变异，初速不够或所谓的"太早"、"太慢"提出异议；当射手未命中第1个靶，在发射第2发之前，第1个靶与第2个靶相撞，或者在射手第2发之前第1个靶的碎块撞碎了第2个碟靶。

下列情况双靶判为脱靶：在同一组中第3次及以后各次枪、弹发生故障；如果射手没有明显的理由而没有打规则的双靶，则2个碟靶都应判为脱靶；当射手没有明显的理由没有打第2靶时，则第1发子弹计算成绩，第2发判为脱靶；如果射手未命中双靶的第1个靶，又由于枪、弹故障而未射第2个靶，则第1个靶判为脱靶，重抛双靶决定第2个靶的成绩；如果2发子弹同时发射，不管命中1个靶或2个，双靶都判为废靶，必须重抛双靶以决定两靶的成绩，在同一组中，这种现象出现第2次后第3次及以后各次则第1靶有效，第2靶判为脱靶；如果射手1发子弹命中了2个碟靶，并重射，此种情况在同一位置上只允许出现2次，第3次开始，则将双靶判为1个命中，另1个脱靶；射击双靶时，如果第1发未命中第1个靶，而命中第2个碟靶，则第1个靶判为脱靶，重抛双靶以决定第2靶的成绩，在1个射位上允许射手重射2次，第3次发生同样情况，则双靶判为脱靶。

故障

故障出现后，在裁判员检查之前，射手必须保持原姿势使枪口指向碟靶飞行区域，不得打开枪机或触摸保险。当出现枪不能安全地射击；不发火的枪或由于机件缺陷不能发射等废枪情况时为故障。下列情况不判为故障：由于射手操作错误形成的故障；射手未将子弹装入该装的弹膛里；射手未装子弹。是否废枪或故障必须由裁判员决定。在能够清楚地看到撞针的痕迹时，下列情况判为弹药故障：只点燃底火；漏装火药；火药未点燃；枪管内留有火药。是否弹药故障应由执行裁判员决定。尺寸错误的子弹不得认为是有缺陷的子弹。出现故障后，应进行处理。经确认枪弹故障并非是射手责任，而又不可能很快地修好，射手可以在执行裁判员宣布故障后的3分钟内，更换其他枪支，继续参加比赛；射手经得裁判员允许后，可以脱离该组，由裁判决定时间打完剩下的碟靶；如果射手离开比赛场地3分钟以上，则根据"纪律规则"予以处理；如果该组结束之前修好了枪，射手经裁判员允许可以重新参加这一组比赛。射手在每一组内最多允许2次故障，不管其是否换了枪或弹。在抛出规则靶后，又出现了允许次数外的枪或弹的故障，则要判为脱靶，不管射手是否要求射击。

50 米和 10 米移动靶报靶规定

可以使用不同的方法报靶，但必须向射手和观众明确标出该发的环数和弹着的位置。在任何比赛中，可以使用电视报靶，在国际射联锦标赛中，50米项目必须采用电视报靶系统。如果不用电视系统报靶，或射手想用，可以使用其他的方法报靶。如果电视显示和用其他方法报靶的环数不相符，可要求该发重报一次，但不得要求重报其他弹着。50米项目的试射弹孔，应用黑色弹孔纸补贴。10米试射靶应标有特殊标志。

射箭的竞赛规则

比赛规定

射箭比赛分为：国际箭联室外单轮射准比赛；国际箭联室外双轮射准比赛；国际箭联淘汰赛（或称大轮赛）。

射箭比赛项目有：女子及女子少年组：70米、60米、50米和30米射程；男子及男子少年组：90米、70米、50米和30米射程。其中60米以上射程称为远射程；50米以下射程称为近射程。

轮赛分个人比赛和团体比赛，前者指每人必须参加规定的4项射程，如缺一项，则作全能弃权论，只计单项成绩；后者指每单位限报男、女运动员各4名，比赛规定与个人比赛相同，不足3人时，不计团体成绩。淘汰赛也分个人比赛

女子射箭比赛

和团体比赛。个人比赛的第 1 阶段，即预赛与室外单轮比赛完全相同，预赛后，按成绩选出男、女各前 24 名运动员参加决赛；第 2 阶段（决赛）分 4 次进行，即 1/8 决赛、1/4 决赛、半决赛和决赛。团体比赛的第 1 阶段（预赛）的比赛规定与个人单轮比赛规定相同，选出男子和女子各前 12 名参加第 2 阶段比赛。第 2 阶段（决赛）分 2 次进行，即半决赛和决赛。

单轮比赛中每人每个射程射 36 支箭，4 个射程共射 144 支箭。双轮比赛中每人每个射程射 72 支箭，4 个射程共射 288 支箭。淘汰赛中第 1 阶段（预赛）无论个人或团体比赛射赛支数均与单轮比赛相同，每人共射 144 支箭；第 2 阶段（决赛）分为 1/8 决赛、1/4 决赛、半决赛和决赛，每一赛次每人每个射程各射 9 支箭，4 个射程共射 36 支箭。试射时轮赛和淘汰赛的预赛阶段，每天比赛开始，按比赛顺序每人在比赛用的箭靶上试射 2 组箭（每组 3 支，共 6 支箭）；淘汰赛的 1/8 决赛、1/4 决赛、半决赛和决赛，每个赛次开始，每人先在第五个射程所用的箭靶上试射 1 组 3 支箭。试射箭支，不计环值。

比赛方法

轮赛和淘汰赛的预赛，每靶编排运动员 2 至 3 人，最多 4 人。运动员靶位的排列顺序用抽签方法确定，靶号顺序按先女后男排列。每靶编排 3 人时，运动员号码排列为：1A、2A、3A、4A……到最后靶位；1B、2B、3B、4B……到最后靶位；1C、2C、3C、4C……到最后靶位。如果每靶安排 2 人，把 C 组去掉。若每靶必须安排 4 人，增加 1 个 D 组即可。男、女运动员分别进行抽签。为使同一队的运动员能在相近的靶位上，在不影响其他队的情况下，对抽签顺序可做适当的调整，这些改变应记录在案。如由大会组委会负责抽签工作，应将改变记录于比赛前递交裁判委员会批准。在抽签前，需调换运动员时，每队最多调换 3 名，换上的运动员，用抽签方法决定靶位，抽签后，不得更换。淘汰赛决赛阶段，个人比赛每靶 1 人，团体比赛每靶 3 人，按其在各赛次中所取得的名次排定下次比赛的靶位。轮赛和淘汰赛第 1 阶段比赛时，每一射程射 36 支箭，分 12 组进行，每人每组射 3 支箭；淘汰赛第 2 阶段比赛时，每一射程射 9 支箭，分 3 组进行，每人每组射 3 支箭。每靶 2 名运动员，每个时限内只有 1 名运动员发射，轮射顺序如下：A—B、B—A、A—B 依次类推；每靶 3 名运动员，每个时限内只有 1 名运动员发射，轮射顺序如下：A—B—C、C—A—B、B—C—A、A—B—C，以此类推；每靶 4 名运动员，每个时限内有 2 名运动员发射，轮射顺序如下：A、B—C、DC、D—A、BA、B—C、D 依此类推。淘汰赛决赛阶段，男、女分组轮射。女子组先发射，男子组休息；女子组取箭；男子组发射；男子组取箭，女子组再发射，按此交替进行。团体决赛时，每队 3 人在同一时限内向同一箭靶每人发射 3 支箭。

比赛开始，运动员根据灯光信号按轮射顺序和靶号进入起射线。比赛时，每人每组 3 支箭必须在 2 分半钟内射完。2 分半时限，可用计时牌加音响、灯光加音响和电子计时器来控制。灯光信号用红、绿、黄 3 种颜色表示。比赛进行中，无论是取箭或停射时，均应发出停射（红灯）信号，在停止全部比赛时，发出一串音响信号。计时牌的一面为金黄色，是发射信号，一直面向运动员；牌的另一面为黄黑相间的条纹，转向运动员时，表示发射时间还剩半分钟，发射前有 20 秒准备时间。音响信号可用哨子等表示，使用方法与灯光信号的音响使用法相同。记分和取箭信号发出后，单轮或双轮比赛时，运动员和记分员一起走到靶前，由该靶的 1 名运动员负责报环值，报时由高环到低环顺序报出，其他运动员监督，记分员边核实边记录。裁判员随运动员进场后，站在箭靶前约 10 米处和自己所负责的 5 至 7 个靶位的中间，观察各靶上的记分情况，有争议的环值，记分员无权判断，应举旗示意请裁判员处理；淘汰赛第 2 阶段比赛进场记分、取箭时，运动员应站在离靶约 2 米处等候，待裁判员和记分员轮至自己的靶上判报、记分时，再前去核实成绩。记分员将全部成绩登记无误后，经允许运动员方可拔箭。对箭支或记录有异议，必须在拔箭前解决。

比赛要求

运动员到达比赛场后，除比赛和规定进入起射线进行瞄准练习的时间外，无论搭箭与否均不许向任何方向开弓。在比赛开始前30分钟内，比赛场上和箭靶前后确无人时，运动员可进入起射线搭箭瞄准。赛前3分钟退场。拉弓失误，无论中靶与否，均作射出论，扣除正式比赛第1组中环值最高的箭支。对于在2分半钟时限之前或之后射出的试射箭，也按此处理。记分员在记分表上对此情况加以注明后，要由本靶位裁判员和有关运动员签字。

比赛开始，红灯亮时，运动员方可进入起射线等候发射，在发出发射信号之前，不准抬起持弓手臂。比赛时，运动员必须是立姿无依托发射，要求两脚分跨起射线，后脚不得触线，但允许两脚同时踏线。比赛的运动员，在发射区不得接受任何方式的指导。在比赛中，失手射出的箭并能用自己的弓触到时，运动员在起射线上原地不动；靶纸脱落、靶架倒塌等不能辨认箭孔时，均不作射出论。运动员因器械发生故障，不能按时比赛时，经裁判同意，可临时改变本靶运动员的发射顺序。正在发射的运动员发生上述问题时，可退离起射线一步，举旗向裁判员示意。经裁判员证实，同意离位调整时，未射出的箭支安排在本组取箭之前补射。补射1支箭时限为50秒。如果10分钟内尚未修复，又没有备用器材，所缺箭支不予补射。运动员射完每组3支箭后，应立即携带器械退到限制线后。运动员在发射时限前、后或在2个射程之间射出的箭，不论着靶与否，扣除本组或下一组箭中环值最高的箭支。如果运动员把箭丢失在比赛场上或箭靶后找不到时，可以补充箭支，但必须在下一组比赛开始前向裁判员报告。运动员在拔箭前要核对记分表，如有误差，可以改正。拔箭后不得更改。运动员在拔箭前，不得触动射中的箭和靶。拔箭后，应立即标出箭孔。运动员可委托同靶队员代替取箭。运动员在比赛开始后到达，则失去已射的箭数，如果裁判长认为他（她）的迟到是由于自己无法控制的情况所致，所缺箭支（最多12支箭）给予补射，安排在该射程射完后或下一射程开始前进行。除轮射的运动员和裁判员，其他人员一律不得进入发射区。除候射的运动员可持器械在候射区内等候，摄影记者可在指定的区域内拍照外，其他人员一律不得入内。比赛场地除赛前一天由大会负责安排1次练习外，其他时间不得用于练习。

PART 4　场地设施

射击运动的场地设施

比赛场地

50 米、25 米、10 米靶场

举办奥运会射击比赛必须设有以下最低限度的射击位置：50 米靶场 60 个射位，25 米靶场 8 组，10 米靶场 60 个射位。举办世界射击锦标赛必须设有以下最低限度的射击位置：50 米靶场 80 个射位，25 米靶场 10 组，10 米靶场 80 个射位。

北京射击馆内景

室外靶场的射向，应建成运动员背向太阳的方向。国际射联组织的比赛和奥运会射击比赛，10米靶场必须设在室内。

（1）靶场必须标有设靶线和射击地线。设靶线是规范设靶的线，射击地线是规范运动员不得超越的线。设靶线需要平行于射击地线。射击位置设在射击地线后面。

（2）为了安全，可在靶场周围建一道墙，也可在设靶线和射击地线之间设置几道挡弹墙。

（3）射击位置后面，应给裁判员、仲裁委员留有足够的地方以便工作。观众席必须用栏杆与射击位置和裁判区分开。

（4）靶架及其相对应的射击位置上要求有明显的号码标志。号码的大小应以运动员看得清楚为准。

（5）裁判区内，应为检查员准备一套桌椅，置放在射击地线后面，不妨碍运动员射击的位置上。

（6）射击场地与靶壕之间必须设有通讯设施，以便于射击场地与靶壕裁判员之间的联络。

（7）50米和25米靶场应设有示风旗，示风旗为矩形，其大小为50毫米×400毫米，用棉质材料制成。设在不影响运动员瞄准和不妨碍弹丸飞行的地方。

（8）射击距离。射击距离是指靶面到射击地线的垂直距离。如果采用人工操纵的升降靶，射击距离应从前靶面测量。

（9）靶心的高度。从射击位置地平面量起，靶中心的高度为：50米靶场0.75米；25米靶场1.40米；10米气枪靶场1.40米；10米移动靶靶场1.40米。要求全场所有靶的中心高度一致。

（10）射击位置。靶的中心应垂直对准射击位置中心。射击位置的面积分别为：50米靶场射击位置宽1.6米、长2.5米。为使更多的运动员参加比赛，射击位置宽度可缩小到1.25米，但必须注意不得影响邻近运动员射击。10米靶场射击位置宽至少1米。25米靶场手枪速射射

击位置宽 1.5 米、长 1.5 米，女子手枪和男子慢加速射射击位置宽 1
米、长 1.5 米。

（11）射击位置上应有下列设备：一个可移动的供运动员射击使用
的桌子，一块供卧射、跪射使用的垫子，一把供运动员休息用的椅子或
凳子，一架供检查员使用的弹着观察镜，一块宽 500 毫米、长 500 毫米
的成绩公布板。

（12）10 米靶场必须用电动输送靶或其他换靶设备。室内应提供照
明设备，全场的光照必须均匀，不得低于 300 勒克斯。靶面光照至少
1000 勒克斯。

北京射击馆全景

（13）25 米靶场射击位置必须用屏风隔开，以防弹壳对运动员的干扰，同时应使裁判员看到运动员。射击位置上需设有供运动员使用的桌子和椅子，裁判区需设有供裁判员使用的裁判桌和椅子，每个裁判桌上需有一块成绩公布板。

（14）25 米手枪项目转动靶，安装在一个可使靶子沿垂直轴线转动
90°的旋转机构上。靶架上 5 个靶为一组。所有的靶都在同一高度上，
必须同时转动，每靶中心之间的距离为 750 毫米。靶的转动时间不得超
过 0.3 秒。靶的转动方向：从上往下观察，转正应为顺时针方向，转侧
应为逆时针方向。

飞碟射击靶场

举办奥运会射击比赛，飞碟多向、双向、双多向射击靶场皆不得少
于 2 个。举办世界射击锦标赛，飞碟靶场皆不得少于 3 个。

飞碟靶场的设计，应尽可能考虑使太阳光线从背后照向运动员。地球北半球的靶场射向应向北，南半球的靶场射向应向南。

飞碟多向射击靶场

（1）飞碟多向射击靶壕：多向靶壕的顶盖与射击位置的地面要保持在同一高度上。靶壕的长度为20米，宽度为2米，高度为2.1米。

（2）多向抛靶机：在多向靶壕的前墙上安装有15台抛靶机，每三台为一组，共分五组。每组间各台抛靶机之间的距离为1～1.1米，相邻两组的中间一台抛靶机之间的距离为3米，通常为3～3.3米。

（3）抛靶机安装在靶壕内的空间位置：当碟靶被抛向正前方10米，高度为2米时，抛靶臂轴心应位于靶壕盖顶面下方0.5米（±0.1米），距离靶壕盖前沿0.5米（±0.1米）处。

（4）每组中间抛靶机标志点：在靶壕盖前沿上，对应于每组中间抛靶机的地方须画一"△"形标志点，提供运动员举枪时作为参照标志。

（5）相邻靶场之间的距离：A靶场的第15台抛靶机中心点与B靶场的第1台抛靶机中心点之间的距离不得少于35米。否则，如果间距少于35米，比赛时碟靶会抛向邻近靶场而影响比赛。

（6）射击位置：多向靶场有5个射击位置，排列在一条直线上，与靶壕平行。射击位置的前沿与靶壕顶盖前沿相距15米。射击位置为1米×1米正方形（在一号射击位置左后方约2米处要标出6号射位）。1～5号射击位置的中心线应对准靶壕内每组中间一台抛靶机的中心线。在地线后面3～4米与射击地线平行处需设一条通道，供运动员从5号射位向1号射位移动时使用。

（7）碟靶飞行的高度、角度和距离：在靶壕盖前方10米处，碟靶的飞行高度为1.5～3.5米（±0.5米）。碟靶的飞行角度（在一组三台机器中，左边机器向右方抛靶，右边机器向左方抛靶）向左和向右飞行

飞碟射击靶场

最大角度为45°。中间机器向正前方抛靶，左右角度不得大于15°。碟靶飞行的距离为70～80米。在射击竞赛规则中有9套抛靶谱，每一套抛靶谱将15台抛靶机飞行高度、角度和距离进行了科学的组合。比赛时使用哪一个抛靶谱调整抛靶机，要通过抽签决定。但每一种抛靶谱给每一个运动员抛出的25个碟靶应符合以下规律：即每一组三台抛靶机的左边和右边的机器各抛2个靶，中间的机器抛1个靶。

飞碟双多向射击靶场

飞碟双多向射击，可以利用多向靶场中间一组三台抛靶机（7、8、9号）进行射击。

如果单独建双多向靶场，则要求两个相邻靶场的中间一台抛靶机之间的距离不得少于35米。

双多向靶壕里要安装三台抛靶机，安装在靶壕前墙上，抛靶机之间的距离为1.1米，1、3号抛靶机与其邻墙的距离至少1.5米。抛靶机安装的空间位置与多向相同。

碟靶的飞行高度、角度和距离：碟靶飞行高度在靶壕前10米处，中间机器的抛靶高度为3.5米（±0.1米），两边机器－抛靶高度为3米（0.1米）。左边和右边的机器要分别向左和向右的抛靶角度为5°。碟靶飞行距离为55米。

射击位置：射击位置的大小及排列方式与多向靶场相同。在每一个射击位置上要配备一张子弹桌，供运动员放子弹用。在每一个射击位置上要放置一块 150 毫米见方的橡皮或木板，供运动员垫枪用。

飞碟双向射击靶场

（1）靶场标准：双向靶场有两个抛靶房（高、低抛靶房）。8 个射击位置排列在半径为 19.2 米的圆弧和所相对应的基弦上，弦长 36.8 米，基弦的中心点距圆心 5.5 米。该圆心为碟靶飞行交叉点，并用标杆标出。如站在圆弧上，面对圆心时，1 号射位在基弦的左端，7 号射位在基弦的右端。2 号至 6 号射位等距离排列在圆弧上，两个射位之间的弦长为 8.13 米，8 号射位在基弦的中点。

（2）射击位置：1 号至 7 号射位为正方形，其边长为 900 毫米，位于圆周外侧，其侧边与通过射击位置标志点的圆半径相平行。8 号射击位置宽为 900 毫米，长为 1850 毫米，其长边平行于基弦。1 号至 7 号射位的标志点是靠近圆心的那边的中点，8 号射位的标志点是在基弦的中点。所有射位必须在同一水平面上。

（3）碟靶飞行的高度、角度和距离：在高、低抛靶房中各装有一台固定的抛靶机。高抛靶房的出靶点在 1 号射位的标志点后 900 毫米（±50 毫米）（沿基弦延长线方向测量），高出 1 号射位 3.05 米（±50 毫米）处；低抛靶房的出靶点在 7 号射击位置标志点后 900 毫米（±50 毫米）（沿基弦延长线方向测量），基弦的外侧 750 毫米（±50 毫米），高出 7 号射位 1.05 米（±50 毫米）处。正常抛出的碟靶必须通过一个直径为 900 毫米（±50 毫米）的圆圈，其圆心位于碟靶飞行交叉点上方，距离 8 号射击位置水平面 4.6 米（±50 毫米）处。在无风的情况下，碟靶的飞行距离不少于 65 米，不超过 67 米（从出靶点墙面量起）。

1 号至 7 号射位的射击界限，是在从各出靶点经圆心 40.3 米（±100 毫米）的范围内。8 号射位的射击界限是在出靶点和碟靶交叉点之间的范围内。在 1 号至 7 号位的射击界限处和碟靶飞行距离 65 米和 67 米处都应安置标杆和距离标牌。

（4）抛靶口的安全措施：在每个抛靶房的抛靶口处皆需安装防护板，这样在所有射击位置上射击的运动员都不会看到抛靶房内的操作人员，以保证安全。在4号射位后面7～10米处，沿1号至7号射位的半圆线应设置栏杆，以防观众进入这个区域。

（5）时间控制装置：抛靶机必须使用电器手控或电器声控抛靶系统，安装在操作人员可以看到运动员和听到其叫靶的地方。在所有国际比赛中，都应使用时间控制器，要求从运动员叫靶瞬间起最多3秒钟内抛靶。每个抛靶房外墙上必须装有信号灯，其作用是按下抛靶钮后立即显示，抛出靶后立即熄灭。信号灯安装位置一般在高、低抛靶房面向观众的一侧。

移动靶射击靶场

举办奥运会射击比赛，移动靶场最少不得少于3个。举办世界射击锦标赛，移动靶场最少不得少于4个。

（1）移动靶场设有一台移动靶靶机，应能使靶以在水平的两个方向（左、右）上匀速度移动。在靶移动过程中允许射击的地段称为"显示区"，10米靶场显示区宽度为2米，50米靶场"显示区X"宽度为10米。"显示区X"两端应设防护墙，墙的高度以靶进入防护墙壁后全部被遮住为宜。

（2）射击位置上应有避风、避雨、防晒的设施。射击位置的宽度至少1米，并用屏风与其他人员隔开，避免运动员受到他人的干扰。

（3）射击位置的后面应留有裁判员和仲裁委员工作的位置。在其位置上应备有桌子和椅子。

（4）靶的跑动速度。移动靶的跑动速度是指靶的前边缘从防护墙出现，到靶的前边缘抵达对面防护墙壁所需的时间。慢速时跑越显示区的时间为5秒，快速时跑越显示区的时间为2.5秒。

比赛器材

手枪项目

1. 枪支和子弹

小口径慢射手枪。在男子手枪慢射 60 发项目中使用。使用小口径边缘发火长弹。枪支口径为 5.6 毫米。

丁峰获 25 米手枪速射季军

小口径速射手枪。在男子手枪速射项目中使用。使用小口径边缘发火短弹。枪支口径为 5.6 毫米。全枪重不超过 1260 克（包括配重和弹夹）。

小口径标准手枪。在男子标准手枪和女子运动手枪项目中使用。使用小口径边缘发火长弹。枪支口径为 5.6 毫米。全枪重不超过 1400 克（包括配重和弹夹）。

中心发火手枪（也称"大口径手枪"）。口径为 7.62～9.65 毫米，总重量不得大于 1400 克，枪管最长为 153 毫米，准星距缺口的距离不大于 220 毫米，总尺寸以能装入容积为 300 毫米×150 毫米×50 毫米的方盒内为准。不得使用减震装置，扳机最小引力为 1360 克。女子使用的枪支最小扳机引力可为 1000 克，子弹口径可选用 5.56 毫米的。

郭文珺女子 10 米气手枪夺冠

男子慢加速射手枪。在男子手枪慢加速射项目中使用。使用 7.62～9.65 毫米弹径的中心发火子弹。枪支口径为 7.62～9.65 毫米。全枪重不超过 1400 克（包括配重和弹夹）。

气手枪。在男子气手枪 60 发和女子气手枪 40 发项目中使用。使用气枪弹。枪支口径为 4.5 毫米。全枪重不超过 1500 克。

2. 射击目标

男子手枪慢射项目、男子标准手枪项目、男子手枪慢加速射项目的慢射部分和女子运动手枪项目的慢射部分，使用手枪慢射靶纸。靶纸的尺寸：10 环直径为 50 毫米（±0.2 毫米），1 环直径为 500 毫米（±1.0 毫米）。

男子手枪速射、男子手枪慢加速射项目的速射部分和女子运动手枪项目的速射部分，使用手枪速射靶纸。靶纸的尺寸：10 环直径为 100 毫米（±0.4 毫米），5 环直径为 500 毫米（±1.0 毫米）。只有 5 个环。

男、女气手枪项目使用气手枪靶纸。靶纸的尺寸：10 环直径为 11.5 毫米（±0.1 毫米），1 环直径为 155.5 毫米（±0.5 毫米）。

3. 射击距离

男子手枪慢射项目射击距离为 50 米。男子手枪速射、标准手枪、手枪慢加速射和女子运动手枪项目射击距离为 25 米。男、女气手枪项目射击距离为 10 米。

步枪项目

1. 枪支与子弹

小口径自选步枪。允许使用所有口径不超过 5.6 毫米的边缘发火子弹的步枪；重量不超过 8 千克，包括托座和托肩钩；供右手射击的握把不得制成依托枪皮带或左臂的形状。矫正视力的镜片不能装在枪上或后瞄准具上，但射手可戴校正眼镜；任何瞄准具不得包含透镜和组合镜，允许在前或后瞄准具上装滤光片；禁止在枪上装瞄准镜；在枪上或瞄准具上可装遮眼板。而大口径自选步枪除口径不超过 8 毫米外，其余规定与上述相同。

小口径标准步枪。口径为 5.6 毫米（0.22）边缘发火的步枪；各种姿势只能用同一支枪，不得更换，托肩底板和制动器可以调整；在比赛期间，不经裁判员同意，不得把枪支带出射击位置；禁止使用待发扳机；托底板只有在距离中心位置上下 30 毫米内调整；禁止使用拇指孔、拇指托、握把托、掌座和酒精水平仪，如果枪托小于规定的最大尺寸，可以按规定的尺寸测量，任何附加部件不能改变原来的形状，任何时候不能修改握把和前护木；允许使用可拆装的贴腮，但不得用可调整的贴腮；比赛过程中，不得改变枪托的长度和贴腮的高度；瞄准具和小口径自选步枪中所规定的相同；禁止在枪上安装支架或其他附加物；立射时不准使用制手器和皮带环。

大口径标准步枪。口径不得超过 8 毫米；枪管成垂直状态时测量，扳机引力不得小于 1500 克。其余规定均与小口径标准步枪的规定相同。

气步枪。符合一定规格的压缩空气或二氧化碳气步枪；口径为 4.5 毫米；禁止使用待发扳机；托底板只可由原位置向上或向下调整最多 30 毫米；禁止使用拇指孔、拇指托、托座、握把、托掌座和酒精水平仪；允许可拆装的贴腮，但不得使用可调整的贴腮；比赛期间不得改变枪托长度和贴腮高度；瞄准具的规定与前述相同；除以枪管同心的配重外，不得使用其他配重，禁止使用支撑物和其他附加物。

小口径子弹：5.6 毫米（0.22）边缘发火步枪弹，弹头只能用铅或类似的软材料做成；气步枪子弹：弹径不得超过 4.5 毫米，用铅或其他软材

运动员调试气步枪

料制成，形状和型号不限；大口径自选步枪和标准步枪子弹，对射手和靶场人员无危险的任何子弹均可使用。禁止使用曳光弹、穿甲弹或燃烧弹。

2. 射击目标

男子小口径自选步枪 60 发卧射和 3×40 项目、女子运动步枪 60 发卧射和 3×20 项目，皆使用 50 米步枪靶纸。靶纸的尺寸：10 环直径为10.4 毫米（±0.1 毫米），1 环直径为 154.4 毫米（±0.5 毫米），黑色部分直径为 112.4 毫米（±0.5 毫米）。

男、女气步枪射击使用气步枪靶纸，靶纸的尺寸：10 环直径为 0.5毫米（±0.1 毫米），1 环直径为 45.5 毫米（±0.1 毫米），4～9 环区为黑色，10 环区为白色。

3. 射击距离

男、女小口径步枪项目，射击距离为 50 米（+0.20 米）。男、女气步枪项目，射击距离为 10 米（+0.05 米）。

飞碟项目

1. 枪支和子弹

飞碟射击所使用的猎枪没有严格规定，可以使用各种类型的光膛猎枪，猎枪的规格很多，目前世界上生产的猎枪，从 8 号到 36 号，共有11 个规格。国际射击联合会规定，用于开展飞碟射击运动的猎枪，只有 12 号或小于 12 号的猎枪。猎枪规格的制定标准是：将 1 磅（453克）纯铅制成若干个直径相等的偶数球体，球体的直径即为该枪管内膛的直径尺寸。球体的个数即为该猎枪的规格号。所有猎枪规格号皆为偶数。

多向猎枪（也叫长管猎枪）。枪管长度一般为 750～810 毫米。枪全重一般为 4000 克，枪口有喉缩。这种猎枪枪管长，弹丸散布面较小，适宜射击较远的目标。在男、女飞碟多向和双多向项目中使用。

双向猎枪（也叫短管猎枪）。枪管长度一般为 680～700 毫米。枪全重一般为 3600 克。枪口没有喉缩。这种猎枪枪管短，弹丸散布面较大，适宜射击较近的目标。在男、女飞碟双向项目中使用。

飞碟射击比赛

猎枪弹。国际射联规则规定：猎枪弹在子弹发射后，弹壳的长度不得超过 70 毫米。铅丸装填量不得超过 24 克（+0.5 克），铅丸必须是球形状。由铅或铅合金制成。每个弹丸直径不得大于 2.5 毫米（+0.1 毫米）。规则规定，男、女飞碟多向射击使用 7 号弹（铅丸直径为 2.5 毫米）。

男、女飞碟双多向射击使用 7 号或 8 号弹（8 号弹的铅丸直径为 2.25 毫米）。男、女飞碟双向射击使用 9 号弹（铅丸直径为 2.0 毫米）。猎枪弹的发射距离与铅丸的直径大小有着密切关系，铅丸越小飞行距离越近，铅丸越大飞行距离越远。9 号猎弹铅丸的飞行距离为 200 米，7 号猎弹铅丸的飞行距离为 250 米。

2. 射击目标

所有飞碟射击项目的射击目标均为统一规格的碟靶。碟靶的尺寸：直径为 110 毫米（±1 毫米），靶高为 25～26 毫米，重量为 105 克（±5 克）。碟靶的颜色可以是全黑色的，也可以是全白色或全黄色的。也可以在圆顶部分涂上白色、黄色或橙色，其他部分是黑色。奥运会射击比赛和国际射联举办的锦标赛，要求所有飞碟项目使用的碟靶必须涂上颜色。决赛使用的碟靶，其规格与资格赛使用的碟靶相同，不同的是在决赛靶的圆顶部分必须装有红色荧光粉末。当碟靶被打碎时，粉末在空中形成一团红色烟雾，以增加飞碟比赛的观赏性。

3. 碟靶飞行的距离和高度

飞碟多向射击，碟靶的飞行距离为 70～80 米。在靶沟顶盖的前方 10 米处测量，碟靶的飞行高度必须在 1.5～3.5 米之间。3 台抛靶机中，两边机器的抛靶角度不得大于 45°，中间一台机器的抛靶角度不得大于 15°。

飞碟双向射击，碟靶的飞行距离不少于 65 米，不超过 67 米。抛靶高度：碟靶必须通过一个直径为 900 毫米的圆圈，这个圆圈的圆心高度距 8 号靶位水平面 4.6 米。

飞碟双多向射击，碟靶的飞行距离为 55 米。在靶沟顶盖的前方 10 米处测量，碟靶的飞行高度：3 台抛靶机中，两边机器的抛靶高度为 3 米，中间一台机器的抛靶高度为 3.5 米。

移动靶项目

1. 枪支与子弹

移动靶射击专用的小口径步枪。在男子 50 米移动靶标准速和混合速两个项目中使用。使用小口径边缘发火长弹。枪支口径为 5.6 毫米。全枪重不超过 5500 克（包括瞄准镜）。

移动靶气步枪。在男子 10 米移动靶标准速、混合速和女子 10 米移动靶项目中使用。使用气枪弹。枪支口径为 4.5 毫米。全枪重不超过 5500 克（包括瞄准镜）。

EM-763 型 5.6mm 小口径移动靶步枪

2. 射击目标

男子 50 米移动靶标准速、混合速项目使用 50 米移动靶靶纸。靶纸的尺寸：10 环直径为 60 毫米（±0.2 毫米），1 环直径为 366 毫米（±1 毫米）。

男、女 10 米移动靶项目使用 10 米移动靶靶纸。靶纸的尺寸：10 环直径为 5.5 毫米（±0.1 毫米），1 环直径为 50.5 毫米（±0.3 毫米）。

通用器材

1. 靶纸

组织射击竞赛，对靶纸的质量要求十分严格。在正常的光线下，在相应的距离上靶纸的材料、颜色不得反光。在任何气象条件下靶纸及其上面的环线不得变形。子弹穿过靶纸应留有弹孔，不得有过分的撕裂或变形。靶纸由环线分成记分区，命中在该环区或接触该环线外沿的弹孔应计该环成绩。

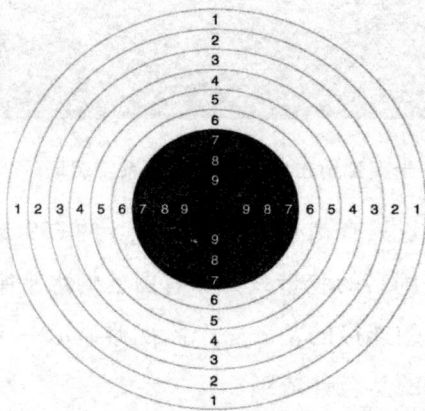

25 米手枪标准靶纸

试射靶应在靶纸右上方贴有黑条。黑条大小在通常光线下和相应的距离上，以肉眼看清楚为宜。

25 米手枪项目比赛用衬靶。所有 25 米手枪项目比赛必须用衬靶，以便处理错射、重射和疑难弹着等。衬靶设在比赛靶的后面，正对比赛靶，距离为 1 米处。一个衬靶必须能覆盖一组 5 个靶。

2. 电子报靶系统

10 米电子靶。电子报靶系统由电子记分模拟靶、监视器、环值打印机和为观众而准备的成绩显示屏组成。靶面白色部分不设环线。黑色靶心部分为圆孔。一条宽于靶心直径的黑纸带置于靶心后面，视觉看去同普通靶纸一样。内置测量仪，测量命中在靶上的弹着的准确位置，并转换成环值。每发射 1 发子弹后，黑纸带自动下移一定距离。电子靶计算机用于计算成绩并传递下列信息：监视器中显示的每发弹着的环值和位置；将每发环值传送到主机；每发环值在成绩显示屏上显示。

50 米电子靶。类似于 10 米电子靶，但靶的尺寸较大。不同的是置于靶心后面的是黑胶带，每发射 1 发后自动下移一定位置。

25 米电子靶。25 米电子慢射靶黑环区域的尺寸同于 50 米手枪电子靶。25 米电子速射靶，类似电子慢射靶，但靶心更大。只有靶心的中间部分（约 250 毫米）有可移动的黑胶带。其他部分是固定的胶带，并印有白色的水平瞄准线。手枪速射项目比赛用 5 个相邻的连接的靶。一个监视器显示一个靶，但在主机上和成绩显示屏上显示的是合计成绩。

10 米实弹射击电子自动报靶系统现场

10 米电子移动靶。类似 10 米步枪、手枪电子靶。但靶的白色部分是专门为电子移动靶设计的。将电子靶置放在导轨上，由电机传动，慢速、快速可以选择，并能准确地显示时间。如果没有命中，在监视器和打印机上均显示零环。

电子记录下的所有成绩，在设置于运动员身后的打印机上同时打印出来，以保留命中的每个靶上的所有成绩。

随着电子靶的出现，给射击比赛带来丰富多彩的无穷乐趣。根据奥运会射击项目竞赛规则的规定，每个奥运会项目在资格赛后，必须选出前 8 名（部分项目前 6 名）运动员进行 10 发子弹的决赛。决赛中每发子弹评定环数的办法也相应进行了改变，电子报靶系统将精确度增加 10 倍，即将每个环距再分成 10 份计算成绩。以 9 环为例：若弹着点的边缘与9环线外缘相切,则电子靶记录下的成绩为9.0环,若该弹着点的边缘突进9环环线内1/10环距,则电子靶记录下的成绩为9.1环。计算10环时,若弹着点的边缘与10环线外缘相切,则记为10.0环,若该弹着点的边缘突进10环半径的1毫米处,则电子靶记录下的成绩为10.1环,若弹着点的中心点与10环的中心点重叠在一起时,电子靶记录下来的成绩为10.9环,即为本张靶纸的最高环。

3. 弹孔透明测量尺

在有机玻璃、赛璐珞等透明物体上印有标准尺寸环线的测量尺。用它可以将靶纸环线放大或缩小成标准尺寸,使用时,将尺的中心点对准靶纸中心点,则尺上环线即为标准环线,看弹孔是否与尺上的环线接触,从而评定弹环的环数。

射箭运动的场地设施

比赛场地

场地长至少为120米,宽度根据需要而定。地面平坦,由起射线出发,按30米、50米、70米、90米的不同射程分别设一条与起射线平行的终点线. 终点线处设有靶架,用来固定箭靶。箭靶后是挡墙。终点线斜前方一侧或两侧10~15

射箭场地

米处设终点裁判员、检查员、记录员席。限制线距起射线至少 5 米，位于起射线后面。它们之间的区域为发射区。靶道线与起射线垂直，它们之间的区域为靶道，在终点线后 20～30 米处。场地两侧靶位的外侧各 10～15 米处设有明显标志，标志内区域为危险区，任何人不能在此走动。裁判员席设在起射线后 1.5 米处。比赛分男、女组进行。两组场地相隔 5 米以上，场上控制时间的设备是红、绿、橙三色灯的计时器。

比赛器材

箭靶

射箭比赛用靶一般有方形和圆形两种。箭靶用稻草加麻布或其他适合的材料制作。箭靶的边长和直径不得少于 124 厘米，厚度一般在 15～25 厘米。箭靶要求结实耐用，坚硬适度，使箭既易射入不受损又不易穿透或反弹、脱落。

箭 靶

靶架

支撑箭靶的架子称为靶架，用木料或竹料制成，要求坚固，但不能对箭造成损伤。靶架斜放在终点线上，与地面垂直线的夹角约 10°～15°。各环靶中心的高度距地面 130 厘米，均应在一条直线上。

环靶

环靶为圆形，直径 122 厘米，自中心向外分别为黄色、红色、浅蓝色、黑色和白色五个等宽同心圆色区。每一色区由一条细线分为两个同色的等宽区，这样就构成了 10 个等宽的环区，10 环区内有一个中心环线，称为内 10 环，用于评定一些环数相同的名次。分区环线划在高环区内。最外面的白色区外缘线，划在记分区内。线宽均不得超过 2 毫米。环靶中心用"＋"符号标出，称为针孔。"＋"符号的线宽不超过 1 毫米。环靶可用纸、布或其他适当的材料制成，但同一次比赛中，要求所有材料相同、规格统一。

靶环纸

一种印有靶环的方形纸张。靶环为圆形。无射程靶（90 米、70 米、60 米）直径为 122 厘米，第 10 环直径为 12.2 厘米；近射程靶（50 米、30 米）直径为 80 厘米。第 10 环直径为 8 厘米，其余每环由内向外依次递增 8 厘米。最常用的靶面为五色靶面，其颜色由内向外依次为黄、红、浅蓝、黑、白五色，每色占两环，蓝黑之间和两环之间用白线区别开，其余各环之间用黑线区别，由内向外每环依次为 10、9、8、7、6、5、4、3、2、1 分数，也称"环数"。靶的中心点用"＋"标明，称为"针孔"。室内用靶环有两种：一种供 25 米射程使用，其直径为 60 厘米；一种供 18 米射程使用，直径为 40 厘米，其设计与颜色均同于室外用靶环。

记分卡

射箭比赛用的记分表格，至少包括以下项：比赛名称、射手姓名、时间、地点、靶位号码、箭支得分次序、小计、合计、总计。

加重物

指平衡杆前端的金属物。按加重物的重量配上适当长度的平衡杆可直接对弓产生回转效应；加重物可平衡弓身的强度，张弓时弓手的推力和箭手的拉力，使射手瞄准时，获得较好的弓身稳定性。

平衡装置

指用来平衡发射的刹那弓身产生扭转、强振、倾斜等而安装在弓身上的装置，它是根据力学上回转效应原理制成的。主要包括：稳定器杆、加重物、和谐器、V型稳定器座等，其中最主要的是稳定器，按位置可分为中央稳定器、上下稳定器。

灯光计时器

安放在比赛场两侧和男女组场地间灯架上，控制比赛时间的设备。它距起射线不到30米，自动控制灯光和声响。自上而下灯光颜色依次为红、绿、橙。以绿灯距地面高度1.3米为准调整灯架高度。比赛时，每名运动员每轮必须在时限内射完3支箭。红灯亮，并响两声，时间长20秒，该轮运动员进入起射线；绿灯亮，无声响，时间为两分钟，运动员射箭；橙灯亮，无声响，时间为30秒，该轮比赛仅剩最后30秒；红灯再亮，并响两声，表示该轮比赛二分半钟的时限到，运动员退场，下一轮运动员进入起射线。

运动员器械

弓

包括弓身和弓弦。弓身过去多用牛角、竹、木制成，为整张结构。现代多用玻璃纤维板制成，由一个弓把和两节弓臂组装而成。一般有

比赛弓箭

60 英寸至 70 英寸长，弓把上装的滑标、标尺、瞄准器、箭台、制动片和稳定器可供瞄准之用。弓弦为 10～12 股涤纶线制成。弓的拉力大约为 32 磅 53 磅。

弓弦

弦绳一般为尼龙、达克龙或开普拉纤维所制。为了易于套入箭扣，其两端制成环状，两环之间用弦绳连接，再用补强线缠绕。

弓震吸收器

可调整箭的左右位置，它可压缩内装弹簧松紧，可缓冲箭杆受弓力压迫的扭曲，从而使箭在弓的中央线发射后可获得更稳定、平直的飞翔效果。此装置由美国人巴戈于 1970 年发明的。

箭

由木、竹、玻璃纤维、碳素纤维或铝合金制成。包括箭头、箭杆、尾翼和箭尾四部分。过去箭头用铁制作，箭杆多用竹、木制作，尾翼用羽毛片制成。现代箭头用钢制成，箭杆为铝合金无缝圆管，尾翼用塑料片或羽毛片制成，箭尾用塑料制成。长 23 寸～30 寸。在正式比赛中，为便于识别，每支箭均需写明运动员的姓名、编号。

镞

箭头的通称。其尖端十分尖锐，易贯穿物体。一般比赛用箭，箭头与箭杆口径相同。

箭座

弓身上与箭接触的部分。因张弓、射箭、箭杆均与箭座摩擦，因而它具有耐磨性和平滑性。

箭座调板

调整箭座左右位置的装置。其功能为调整箭座使箭在弓的中心线发射。

箭筒

又称箭袋、箭囊。是射手随身携带箭支的容器。用皮革或合成皮制成长筒或扁圆筒状，可挂在腰间，称腰悬式。主要用于不太复杂的地形射箭。背在背后的扁圆筒状的称背负式。由于其便于行动，主要适用于原野狩猎。由于狩猎用的杀伤箭镞，大而锋利，不能用箭筒放置，因而在弓的侧面装上硬塑料（或木质、金属）制品，将箭杆嵌入其上的缺口中，既便于拿取，又便于携带。

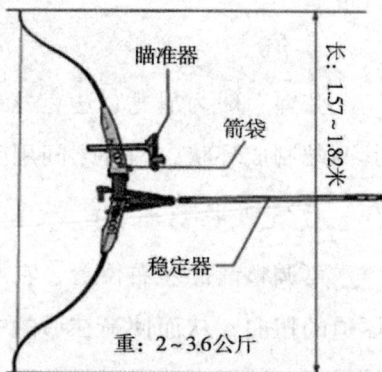

瞄准器

箭袋

稳定器

长：1.57～1.82米

重：2～3.6公斤

弓的结构图

吻钮

为获得较高的精确度，射于安装在弦上的扁圆形金属钮或塑料钮，通称为"吻钮"。当引弓后，固定面部时，靠嘴唇的触觉接触吻钮来确定相同的发射姿势。

麦吉尼Ｖ型稳定装置

指安装在"Ｖ"型稳定器座延伸杆上的平衡装置。它是由 1979 年墨尔本世界杯射赛冠军美籍的麦吉尼首先使用的。

助视窥孔

为获得更精确的瞄准效果，安置在弦上的透视小孔。利用它调节目标、准备、弓弦三点成一直线。

定位片

指安装在弓上的小铁片。其作用是辅助射手更稳定地瞄准目标，以相同的姿势和力量将每一箭拉到相同长度时发射，从而使箭的推送力量稳定。

饰绒

又称"饰毛"、"饰羽"。指贴在箭尾与箭羽之间，色彩鲜艳的羽绒，从而使箭便于识别。

和谐器

指连接弓身和稳定器的装置，呈筒状，由金属制成，里面装有松紧橡皮，可缓冲弓的强振。

弯弓绳

又称"张弓绳"。两端各有一小皮套，主要辅助上弓弦和卸弓弦。

持弓套

系于手腕，套于拇指、食指或环绕于手掌、以防止发射后弓身脱手的绳索或皮带。

指套

为避免弓弦擦伤手指，且有利于勾弦和溜放效果的皮制品。套在食指、中指、无名指上，成筒状的为"指套"。

粉袋

指盛装滑石粉的扁平状容器。它也具有防水性能。扑一点滑石粉在指套表面，发射时，可使指套与弦的接触更为滑溜。

搬指

中国弓射法中所使用的一种器材。它是进行勾弦发射的重要部件，套在箭手的拇指上，形似戒指而稍凸的钩状的玉制品。

鼻尖记号

安置在弦上的装置，通常有与嘴唇相同高度安置的吻钮，与鼻尖同高的标记，因其以运动员鼻尖高度为最高点，故通称"鼻尖记号"。其作用是辅助运动员瞄准，使射手能以相同的姿势，将每部都射在相同位置。

护臂

用皮革制成。拉弓时，弓弦常击打持弓的前臂。套于前臂，可防止前臂受到损伤。

护胸

用皮革制成或尼龙线编织成。开弓后，由于弓弦要触及持弓臂一侧的胸部，胸肌易受压致伤。套在胸前，可以防止胸部受到损伤。

PART 5 项目术语

射击的术语

允许故障

指手枪射击比赛时不是运动员造成的枪支故障。例如：击发机失灵、弹头未飞离枪管、枪机已呈击发状态且弹底有明显撞痕、撞针折断或其他机件损坏、子弹、弹壳等被卡住、手枪自动速发等均属于允许故障。

不允许故障

指手枪射击比赛中，运动员造成的枪支故障。例如：裁判员检查故障前，运动员已拨弄机件；保险机没打开；没装子弹或装弹不足 5 发；扳机在射完一发后被松开到定位；装填的子弹型号不对；弹夹装的位置不对或在射击中脱落；运动员可以控制而没控制所造成的故障均属于不允许故障。

双眼瞄准

指运动员睁开双眼进行瞄准。其目的是为了防止长时间瞄准使视力疲劳。若运动员的右眼为优势眼，则可使用这一瞄准技术；若右眼不是优势眼，则要用挡板遮住左眼，再进行双眼瞄准。

热枪管射击

指比赛前的一种温热枪管的射击。运动员可以借此了解枪支各部件的性能是否正常，还可避免因枪管温度低、有油迹等原因，而造成射击时产生偏差。热枪管射击必须在裁判员的口令下进行，但子弹不能射在靶上，一般有时间限制和弹数限制。从 1981 年开始，由于步枪项目的试射弹数不受限制，因而，步枪项目不再进行热枪管射击。

密封靶纸

指将靶纸上运动员的姓名或编号等标记封盖起来，使裁判员看不见运动员所射的成绩从而保证裁判的公正。启封后，除非是计算错误，否则已判弹孔的环数不得更改。

弹道，弹着，弹膛

弹道，指弹丸射出枪口后所经过的路线。
弹着，指弹丸的着落位置。常用钟表面、时钟的位置来表示。
弹膛，指枪管内放置子弹的地方。

错射

指将子弹射在他人靶上。这是一种犯规行为，试射时不予处分，比赛时，根据各项目的情况不同，分别处以扣环或作脱靶处理。

疑问弹孔

指射在环靶上接近环线而不易判定环数的弹孔。由裁判员用仪器将弹孔放大或缩小到标准尺寸，观察其是否接触环线。若仍未确定则按 3 名裁判员的表决确定。

椭圆形弹孔

指针在环靶上大于正常弹孔的椭网形弹孔。这种弹孔多出现在手枪速射项目中，是由运动员在目标转动的瞬间发射所造成的。对于这类弹孔，必须经裁判员测量，若大口径手枪弹孔超过了 11 毫米，小口径手枪弹孔超过了 7 毫米，则为无效弹孔，算作脱靶。

射箭的术语

箭手、弓手

箭手指拉弦的手。如右手弓的运动员左手持弓，右手拉弦，则称其右手为"箭手"。

弓手指运动员开弓、放箭时，持弓的手。若一名运动员右手拉弦，则其左手为弓手。

引弓、调弓

引弓指将弓拉满弦到固定的位置。

调弓指调整弓的箭座位置、弦高、搭箭点和弓震吸收器，使射出的箭平稳、准确。

双轮比赛

每名运动员进行第一轮4个射程的单轮比赛后，再进行第二轮4个射程的单轮比赛，两轮单项成绩的总和、全能成绩的总和为双轮的单项成绩和全能成绩。团体赛每队以该队成绩最好的前3名运动员的成绩总和为双轮团体成绩，环数多者名次列前。

中靶箭

指射在靶环内或经地面反弹后射在靶环内的箭。当箭射中靶环线时，按射中高环区计分。若后射箭碰到已中箭的箭尾槽内，则按已中箭的环数计分；若中靶箭在风力或其他外力作用下，箭杆改变了位置，则仍按原位置计分。

休息区

指运动员在预备线后面5米以外放置座椅来休息的区域。运动员所用的弓具，可放置在预备线与座位之间的区线位置。

低位固定法

指箭手固定在下颚骨以下部位进行张弓瞄准的射法。为便于固定瞄准后的形态，提高命中率，弓弦要与鼻尖接触，成为一个辅助瞄准点。

试射

在正式比赛中，进行记分前所射的6支箭，每3箭为一组，通常在第一个射程正式比赛前进行。

直线力

开弓后，持弓的臂伸直并内旋顶肩，使肩、肘、手成一直线，随后，拉弓臂在后背肌的作用下向后引导弓，抬肘沉肩，在溜放的一刹那，给箭一个直线推进力，称为"直线力"。

单轮比赛

每名运动员进行 4 个射程比赛（男子 90 米、70 米、50 米、30 米，女子 70 米、60 米、50 米、30 米）。每一射程射 36 支箭，所得总环数为每一射程的单轮单项成绩。4 个射程所得环数的总和为个人单轮全能成绩，团体赛每队以该队前 3 名单轮全能最好成绩总和为该队单轮团体成绩，环数多者名次列前。

命中黄心

在射箭比赛中，射中 10 环后，报靶记录时以"黄心"代表，而不报"10"环。

固定

指射手为使每一箭都有相同的起射点，在张满弓时，拉弦贴近头的某一部分（通常为下颚）。

高位图定法

指勾弦的箭手固定在下颚骨稍上部位，进行张弓瞄准的射法。此射法易于找到固定位置。

射准射箭比赛

射箭运动的一种。分两个单轮比赛。共 4 天，前 2 天进行第一单轮，比赛前两个射程；后 2 天进行第二单轮，比赛后两个射程。男子射程有 90 米、70 米、50 米、30 米；女子射程有 70 米、60 米、50 米、30 米。每天比赛前每名运动员可试射 6 支箭。每名运动员在各射程比赛中射 36 支箭，靶为 10 环，单轮成绩为 36 支箭射中环数的总和，双轮成绩为两项同样射程中环数的总和。

射序

指射手进行发射的顺序。在射箭比赛中，一般规定以 3～5 名运动员为一组在一个靶位进行发射，以 A、B、C、D 编号，按此顺序循环进行发射。

脱靶

指箭没有射中靶环。射中他人的靶也为脱靶。

溜放

指勾弦的箭手在放弦时顺应背肌群的抗力快捷后退而松弦的动作。

瞄准点

弯弓射箭时，指箭头所瞄的目标与发射线之间的某一点，在目标与发射线之间的地上的某一点放一物体，则此点即为瞄准点。要求物体直径不超过 7.5 厘米，高不超过 15 厘米。

瞄准基线

指拉满弓后的固定姿式，使眼睛、准星与靶心三点成一直线。

撒放

指在瞄准目标的同时，持续用力，使弓张满，当箭头拉过制动片发出声响时，将箭射出。撒放在没有制动片时，完成瞄准动作后就可将箭射出。

速坠箭

指箭羽较大、较多或呈穗状的箭。主要适用于向空中发射。箭羽主要是用来降低箭的速度、减小箭的射程，并控制箭垂直下落。

发射位置

指一个靶位的发射线上进行发射的最大空间。在室内射箭比赛中，其宽度为 2.5 米，能同时有两名选手进行发射。

PART 6 技术战术

射击的技术战术

射击技术

据枪技术

在射击过程中，无论是步枪、手枪、飞碟还是移动靶项目，每发子弹的射击程序皆是一样的，即：据枪、瞄准、击发和"保持"。

据枪系指运动员在进行瞄准之前，所完成的诸如姿势的确立、举枪、抵肩、贴腮等一系列动作的总称。

1. 手枪射击据枪

手枪慢射据枪，其姿势动作应是：以身体右侧对向目标，两脚开度与肩同宽，两腿自然伸直。腹微挺，腰下塌，躯干略向左侧倾斜。人枪结合后的总重心的垂线落于两脚支撑面的中央或稍靠左前。脚掌受力均匀，身体稍向右侧转。头正

据 枪

直，眼正视。举枪手臂，以肩为轴自然伸直。举枪时深吸气，将枪举到靶纸上方，平正准星，呼气，臂和枪随之下落，准星正直、缓慢、均匀地稳入瞄区。瞄区一般选择在下 2 环至下 4 环之间。视力回收，用食指第一关节的中前部接触扳机，食指单独用力，正直均匀地边稳边扣，直到自然击发。

手枪速射据枪，其姿势动作应是：以身体右侧对向目标，两脚开度与肩同宽或稍大于肩宽，两脚自然伸直。上体基本保持正直或稍向左后倾斜，头部转向目标时，做到头正、颈直、下颚回收、两眼平视。举枪手臂向前伸直、绷肘、挺腕、稍收肩。左臂自然下垂，身体与枪结合后的总重心落于两脚之间。射击时，持枪的手臂向第一靶上方伸举，同时吸气、提肩，然后手臂和枪下落至瞄区。此时，视力回收，平正准星、食指预压第一道火，眼睛盯住 10 环区位置，然后将手臂下落，成 45°，等待"开始"射击口令。口令下达后，纵向运枪的路线要正直，速度先快后慢。当接近靶标时减速，枪要平稳进入瞄区。与之同时，视力回收，平正准星，扣压扳机"第二道火"，进入瞄区后稍停即响。

第二靶至第五靶横向转体运枪时，应注意：在第一靶枪响的同时，视力转向第二靶瞄区，在余光的诱导下转体运臂指向第二靶。当枪支进入第二靶瞄区的右侧时减速，同时"收视"盯住准星缺口的平正，压实扳机，稍停即完成击发。第三至第五靶射击的动作与此相同。在完成第五靶射击后，继续保持力量，运向假设的第六靶。

女子运动手枪和男子手枪慢加速射据枪的姿势动作：速射阶段与男子手枪速射项目基本相同。慢射阶段与男子手枪慢射项目基本相同。

男子标准手枪射击据枪的姿势动作：150 秒射击与 25 米其他手枪项目的慢射部分基本相同。20 秒、10 秒射击与 25 米其他手枪项目的速射部分基本相同。

气手枪射击据枪动作和技术要领基本同手枪慢射项目，所不同的是：由于运动员手握气手枪的重心比手握慢射手枪的重心距人体重心远，气手枪扳机也比慢射手枪扳机重，所以运动员对气手枪的握把力量要比对慢射手枪的握把力量稍大，扣压扳机的力量也应稍大，速度应稍快。枪支晃动状态同小口径步枪射击与气步枪射击一样：当枪支呈平行晃动时，对气手枪射击成绩影响较大。因此进行气手枪射击时，应适当加强重心的整体控制力量。

2. 步枪射击据枪

步枪射击姿势包括卧姿、立姿和跪姿。卧姿射击据枪时，其姿势动作结构应是：身体与射向之间的夹角为20°～40°。两腿分开，腿部伸直或右膝稍有屈曲，左肘前伸使其左后侧着地，地面水平面与前臂轴线的夹角不得小于30°。枪皮带套在左臂的中上部。托枪时，下护木通过虎口压在掌心与大鱼际之间。抵肩时，枪底部抵于右肩窝靠近锁骨处。贴腮时头部正直，便于瞄准。

卧姿射击时，在姿势确立后，整个身体赋予枪支的力量，其方向只能是向前向下，不能向左、向右。卧姿射击要掌握的要领是：枪支的指向自然，瞄准、呼吸和击发的动作协调。

立姿射击时，在卧、立、跪三种射击姿势中，立姿是重心最高、支撑面最小、姿势动作最不稳定的项目。立射姿势的固定和保持，主要靠骨骼的支撑和肌肉的紧张来实现，因此，在三种射击姿势中立射动作技术最难掌握。立射据枪时，运动员的身体左侧朝向目标，两脚分开与肩同宽，小腹和左髋自然挺出。上体放松，左上臂紧贴胸侧，左前臂回收垂直支撑枪支。枪托底部抵于右肩关节内侧，右臂自然下垂。头部适量左转，腮部自然贴于枪托上。贴腮后瞄准动作感觉自然。

立射姿势动作确立后，枪与人体结合后的重心投影点落于支撑面内，靠近左脚。据枪之前，首先调整身体重心，腰部（骨盆、脊柱）是影响立射静力平衡的主要部位。腰要塌实固定，腰部肌肉放松。在开始据枪时，先使肌肉用力把上体舒展开，然后按正确的技术动作调整各部动作到位。当发现枪支指向不正确时，切忌不可有意识控制枪支勉强进行瞄准，必须重新调整姿势。在瞄准击发过程中，扣扳机意识应在前，稳枪意识应在后。

跪姿射击时，运动员身体的面稍向右转，右膝着地跪在地上。右脚面贴在沙袋上，臀部坐于右脚跟上。使身体获得正确的支撑力。运动员上身略向前倾，左肘支撑在左膝盖上。通过枪皮带和抵肩的力量使枪与人体密切地结合起来。头部肌肉放松，腮部自然贴于枪托上。贴腮后，瞄准动作必须感到很自然。

跪姿射击据枪时，运动员要掌握的动作技术要领是：跪下时须坐实、跪稳，体会身体与枪结合后的整体力量是否正；跪下后身体各部位是否平稳、协调，各部肌肉用力是否踏实、舒适。握枪后闭上眼睛做几次深呼吸，然后再看目标，体会姿势动作是否正确。

气步枪射击。气步枪射击使用的枪支以压缩空气为动力，发射初速小（173 米/秒），枪支跳动小，相对而言对运动员干扰小。气步枪射击据枪动作要领和射击技术与小口径步枪射击基本相同。所不同的是：首先是成绩概念上的差异，一名具有较稳定水平的运动员，在小口径步枪立射和气步枪两个项目中，射击成绩有明显差异。例如：某运动员小口径步枪 40 发立射成绩为 365 环，他在气步枪 40 发立射中，成绩就可达到 385 环左右。

两个项目射击过程中，在枪支晃动形态相同的情况下，弹着点的偏差量也有相当大的差异。同是平行晃动（人体与枪口晃动的大小、方向相同），由于瞄准线是平行的，所以在 50 米距离和 10 米距离上，弹着偏差量也应相同。但是，由于靶纸的尺寸大小不同，环距不同，所以弹着在两个靶纸上的环值差别很大。实验得出的环值差异为：小口径步枪射击 10 环，气步枪射击 7 环；小口径步枪射击 9 环，气步枪射击 4 环；小口径步枪射击 8 环，气步枪射击 1 环。由此得出的结论是：枪支呈平行晃动对气步枪射击成绩的影响相对而言，比对小口径步枪射击的成绩影响大。此结论提醒气步枪运动员在据枪时需特别注意枪支的平行晃动。

3. 飞碟射击据枪

飞碟多向射击据枪时，取站立姿势，身体的面与射向之间的夹角约为45°，两脚开度与肩同宽，两腿肌肉放松。左手握住枪的下护木，右手握住枪颈，右食指贴在扳机上。右肘抬起与其肩平，将枪托抵进肩窝。头部自然正直向下贴腮。眼睛从瞄准板（枪管上平面）中央看到准星，上体含胸收腹、塌腰，自然前倾。身体重量五分之三落在左脚上，五分之二落在右脚上。注意力从枪管上面延伸向前，等待出靶。当感觉控制枪的内在用力自然、确实时即可报"好"叫靶。碟靶抛出后，用腰部力量控制上体运动，让枪的准星追靶。当看到准星接触或到达靶的附近时，立即扣动扳机，便可命中碟靶。

飞碟双向射击据枪时，取站立姿势，两脚自然分开，开度与肩同宽，身体的面与射向之间的夹角为45°～65°。两膝关节自然屈曲，肌肉放松，两肩自然下垂。左手握住枪的下护木，右手握住枪颈，右食指贴在扳机上。预备姿势时枪不上肩，两肘微外展，身体重量平均分配在两脚上。然后扭转身体，将枪口指向出靶口与8号靶位之间的中间位置处，两眼注意出靶口，报"好"叫靶。当看见碟靶飞出后，左手握住枪向前上方送出，右手向上托枪，将枪托抵上肩。同时做贴腮、转体动作，眼睛始终盯住碟靶。做转体动作时，使准星走在碟靶前面，好似牵着碟靶向前运动。准星与碟靶的距离要符合命中碟靶所需提前量的要求。当动作做到位时，立即扣动扳机，便可命中碟靶。

飞碟双多向射击据枪姿势动作和技术要领，与飞碟多向射击基本相同。

4. 移动靶射击据枪

移动靶射击据枪时，取站立姿势，身体的面与射向的夹角为60°～80°。两脚自然分开，开度与肩同宽，不宜过大或过小。开度过大不宜均匀转体，开度过小会使重心上移，支撑面减小，不利于稳定性的保持。上体保持正直，微塌腰、含胸，头部微前倾。视线指向出靶位置。左手握于枪的下护木的前部，左上臂与前臂成120°～150°夹角。右手自然握住枪颈，上臂自然张开，肩关节自然放松。集中注意力盯住出靶位置，待靶出现时，及时、迅速起枪。起枪时，右臂用力将枪托提至肩窝，手腕对枪托稍向内压，右臂抬起与身体的夹角不小于45°。面颊正直向下压在贴腮板上，贴腮后头部保持正直，贴腮完成的同时，运动员的视线从瞄准镜的上方进入视野。枪上肩接靶，同时进入转体运枪状态，以腰、髋、膝、踝的关节协调同步转动，带动身体做均匀平稳的转动。接靶后，转体的同时调整瞄准关系，达到准星与瞄准点（实际是瞄准区）的吻合。移动靶射击整体技术动作要求是：干净利索地起枪、抵肩和贴腮；迅速、准确、平稳地接靶；均匀协调地转体；力量始终一致地出枪；击发后保持1秒钟然后"收枪"。

瞄准技术

凡是进行过实弹射击的人，都懂得举枪、瞄准、击发，但是，对瞄准的真正含义不少人却并不十分清楚。一般人认为："实弹射击时，瞄在哪里就会打在哪里。"其实不然，射击学理论对瞄准所下的定义是："为使弹丸的平均弹道命中预定的目标，而赋予枪膛轴线在垂直面和水平面内一定方向的操作，称为瞄准。"在实际射击中，运动员所选择的瞄准点并不是预定的目标，如果将枪膛轴线直接指向目标，弹丸就不会命中预定的目标。根据动力学原理，由于重力的作用，射出的弹丸将不断下降，会从目标下方通过。为了使弹丸准确命中目标，必须在发射时，将枪膛轴线指向目标上方。这个任务是由瞄准具来完成的。运动员通过瞄准具在对目标构成瞄准线时，枪膛轴线就自动抬升一个角度（称瞄准角），按此瞄准角发射出的弹丸，才能准确地命中目标。

瞄准动作包括两个主要内容：一是运动员用眼睛通过瞄准具来判断枪膛轴线的指向是否正确。二是在视觉的监督下用肌肉的控制力量使枪

膛轴线指向所需位置。使用缺口式
瞄准具的运动员其视线通过缺口
（照门）和准星，使准星位于缺口
中央，准星上沿与缺口上沿平齐的
操作过程称为"平正准星"，将
"平正准星"所形成的景况指向瞄
准点，就形成了正确瞄准。初学射
击者，一般只注意将准星指向瞄准
点的关系，忽视缺口与准星的平正
关系，射击的结果，弹着点会远远

瞄　准

偏离靶心。在这种情况下，不管你瞄得多么准确，其射击成绩都会很
差。因此，无论是初学射击者，乃至高水平运动员均应时刻提醒自己，
把注意力集中在"平正准星"上，以视觉的余光将"平正准星"所形
成的景况瞄向瞄准点，这才是正确地瞄准：缺口与准星的平正关系不正
确时，将产生明显误差。这种误差对弹着点的影响规律是：准星偏高，
弹着点偏高；准星偏低，弹着点偏低。当准星偏左或偏右时，弹着点的
偏差方向与其相同。

1. 手枪射击瞄准技术

手枪慢射瞄准技术。手枪慢射瞄准时选择瞄准区。瞄准区可根据自
己习惯进行选择，一般选择在靶纸下 2～4 环之间的位置上。注意保持
枪面的一致，保持"平正准星"关系，保持动作的一致，保持枪支的
平稳、自然晃动规律。做到视力回收，精力后移，"平正准星"景况清
楚。准星与靶纸之间的关系不必苛求。生理学知识告诉我们，眼睛观察
事物时，不可能同时看清楚在不同距离上的两个物体，手枪慢射运动员
在举枪时，枪支准星至眼睛的距离约为 600 毫米，而靶纸距离眼睛的距
离为 50 米。如果眼睛看准星和照门时很清晰，那么看靶纸时就比较
模糊。

　　手枪速射瞄准技术。手枪速射瞄准，是在运枪的过程中那一短暂的相对稳定时机完成的，其过程是：眼睛盯住靶纸的瞄准位置，当举枪进入靶区时，立即收视盯住"平正准星"关系，用眼睛的余光诱导枪支平稳进入瞄准区，适时完成击发。瞄准区一般选择在 10 环区。4 秒射击速度快，每靶射击时，几乎没有停枪的时间，当枪支指向目标时，即需完成击发。因此，4 秒射击的瞄区，应选择在每靶右面 10 环区（第一靶选在下 10 环区）的位置上。瞄区的范围大小取决于运动员技术水平和其枪支的稳定程度。

　　女子手枪射击瞄准技术。女子运动手枪射击的慢射部分，瞄准时的关键动作是"平正准星"，通过腕部力量来调整准星与照门的关系。"平正准星"后，枪支慢慢下落，指向瞄区。瞄区的选择可分为以下几种：准星与黑环下沿相切；准星在黑环下沿留出小白边；准星在黑环下沿留出大白边（在下 3～4 环处）。

　　速射瞄准的要领与慢射基本相同。不同的是速射在运枪中进行瞄准，在显靶后迅速举枪，运枪到靶纸下沿时视力迎枪，在运枪中"平正准星"并减速进入瞄准区，稍停即扣响。速射瞄准区的选择可分为以下几种：选在黑环中央；选在下 8～9 环处；选在下 5 环的下沿。

　　2. 步枪射击瞄准技术

　　步枪卧姿射击时，运动员据枪后，首先进行概略瞄准，用以检查"平正准星"是否自然指向瞄准点。如果未对正，切不可强行用手搬枪，而是应该通过调整身体的方法进行纠正，调整身体的方法是：自然指向偏高身体向前移；指向偏低身体向后移；指向偏左身体向左移；指向偏右身体向右移。

　　立姿射击时，当枪的指向与目标的关系位置不正确时，切不可有意识控制枪支勉强指向瞄准区，必须重新调整身体姿势，调整的方法是：指向偏高，两脚开度稍加大；指向偏低，两脚开度略减小；指向偏左，右脚向后移；指向偏右，右脚向前移。

跪姿射击时，先不急于瞄准，体会身体是否坐稳，身体各部位是否舒适，这时不用眼睛去看目标，闭上眼睛做几次深呼吸，然后再用眼睛瞄准，检查枪的指向是否正确。

3. 飞碟射击瞄准技术

飞碟射击瞄准，均采用概略瞄准的方法。因为飞碟射击的目标是飞速很快的碟靶（30 米/秒），在有效命中距离上（约 30 米），猎弹弹丸群有效杀伤面的直径约为 600 毫米，所以采用概略瞄准。所谓概略瞄准是对精确瞄准相对而言的。步枪、手枪项目均采用精确瞄准方法。运动员的眼睛通过"平正准星"瞄向目标。猎枪没有照门，只有瞄准板和准星，瞄准时，运动员的眼睛通过瞄准板看到准星，构成了瞄准基线。准星与碟靶所构成的关系也不像步枪、手枪项目那样精确，允许有一定的误差范围。只要猎弹的霰弹面能罩住碟靶，碟靶即可以被击中。另一方面不同的是：飞碟射击时，枪支是运动着的，要求运动员在追踪碟靶的运动中，准星到位，立即扣响扳机，不允许有更多的时间进行瞄准。优秀运动员的射击秘诀是：看清靶，稳起枪，快扣扳机。

飞碟射击瞄准的提前量：对飞行中的碟靶射击，不同于固定靶射击，必须使枪口指在碟靶飞行前方适当的距离上才能准确命中目标，这段距离称为提前量。影响提前量的因素主要有以下几点：弹丸的飞行速度和距离；碟靶的飞行速度和方向；枪支的运行速度等。实际上计算出射击时的精确提前量是很复杂的，除以上理论因素外，还有运动员的反应速度的不同、弹丸飞行的弧度不同、气候条件不同、使用的子弹不同等因素。所以提前量又分类为理论提前量和经验提前量两种。理论提前量又分为实际提前量和可见提前量。

4. 移动靶射击瞄准技术

50 米移动靶射击瞄准，也采用瞄准区。因为移动靶射击采用立姿无依托姿势，"平正准星"与瞄准点相"吻合"的机会短暂。又因为 50 米移动靶靶环直径较大，所以运动员实际瞄准时，可将瞄准点扩大到一个区域。在瞄准时，只要准星进入这个区域均可进行击发。在一般情况下，瞄准区域在直径为 60 毫米范围内射击，弹着点均应在 10 环之内。

50 米移动靶射击瞄准方法有两种：一种是直接取提前量的方法：即慢速射击时提前量为 300 毫米（瞄准区在猪靶眼窝部位）。快速射击提前量为 600 毫米（瞄准区在猪靶鼻拱前 100 毫米处）。另一种是利用瞄准镜内双准星可调性的优点，慢速射击和快速射击均可通过计算得出相应提前量，通过瞄准镜内的准星将提前量调整好。

10 米移动靶射击瞄准技术。10 米移动靶射击目标与 50 米移动靶射击目标不同。10 米移动靶靶纸上左右两个环靶的中间画有一个瞄准区域，其直径为 15.5 毫米，射击时，一般都采用双准星光学瞄准镜。不论是快速射击还是慢速射击，均用前准星瞄准，子弹命中在后环靶上。其瞄准方法有三种：准星尖中央部位对正瞄区中心部位；准星尖中央部位对正瞄区下沿中央；准星后上角那一点对正瞄准区前沿部位。

（1）瞄准具的选择

运动射击所使用的瞄准具一般有三种。即缺口式瞄准具、觇孔式瞄准具和准直式光学瞄准镜。前两种可统称为机械瞄准具，它们都是由后面的照门和前面的准星构成的，只不过照门的具体形状不同而已。缺口式照门，最常用的是半圆形和矩形。缺口式瞄准具主要用于手枪射击项目，它的主要优点是构造简单，视野较宽，瞄准时易于构成瞄准关系。觇孔式瞄准具的中央为一圆形小孔，孔径为 1.5～2.5 毫米，与其配用的准星有柱形和环形两种。觇孔式瞄准具主要用于步枪卧射和

带瞄准具的步枪

跪射项目，它的主要优点是瞄准误差较小。使用觇孔式瞄准具时，运动员根据自己的需要选择不同大小的觇孔，也可以选择准星的宽窄。瞄准时，运动员的视线通过觇孔在各种动作的调节下使准星置于觇孔的中央。如果使用柱形准星，将准星尖指向瞄准点，如果使用环形准星，将准星均匀地套住目标。

（2）"平正准星"的作用

瞄准时，运动员通过操作保持照门与准星之间的平正关系，运动员称其为"平正准星"。然而，在瞄准过程中，运动员通过视觉的监督进行瞄准，注意力应集中在"平正准星"上，还是集中在准星与目标的关系上？这是广大教练员、运动员反复研究和不断强调的问题。结论是肯定的：注意力应集中在平正准星上。根据计算，"平正准星"所产生的误差对弹着偏差量的影响要比准星与目标之间所产生的误差对弹着偏差量的影响大几十倍，甚至于上百倍。

用简单的几何关系 $H = (L/1) h$ 可以看出：若准星偏差为 Ah，弹着点偏差为 ΔH，则弹着点的偏差量与准星偏差量成正比，即：$AH = L/1\Delta h$。由于作为比例系数的 $L/1$ 一般很大，所以 ΔH 也相应地比 Ah 大许多倍。例如，当某枪的 z 为 500 毫米，L 为 50 米，准星的高低偏差量 Δh 为 1 毫米时，则由公式可以算出弹着点的高低偏差量 ΔH 为：即弹着点的偏差量比准星的偏差量大 100 倍。因此，在瞄准时，保持照门与准星的平正关系是十分重要的。

据测量，在 50 米距离上进行手枪慢射时，"平正准星"偏差量为 1 毫米，则射击在靶纸上的弹着偏差量约为 135 毫米。即运动员在瞄准时，当准星与目标的偏差量为零时，若准星高出缺口上沿 1 毫米，这发子弹射击在靶纸上的弹着即偏在上 5 环处，常言道："差之毫厘，失之千里"，就是这个道理。在缺口与准星的平正关系正确的前提下，如果瞄准点因视觉而产生误差，也会造成弹着点的偏差。不过，这种偏差之间没有放大关系，即瞄准点偏多少，则弹着点偏多少，而且，弹着点偏差的方向和瞄准点偏差的方向也是一致的。

运动员在射击中将注意力集中在"平正准星"上，另一方面的积极意义是可以提高击发的质量。在击发中很重要的一个前提就是"心情不急"，急于击发就会猛扣扳机。注意力集中在"平正准星"上，枪支的微小晃动不易被察觉，在感觉上枪是稳定的，会给适时击发创造宽松的心理环境。

（3）选用"瞄准区"

在射击学理论中称武器所瞄准目标上的一点为瞄准点。而实际上在运动射击中，运动员瞄准时通常不选用瞄准点，而选用瞄准区。运动员在比赛中常有这种事情发生：瞄准不理想，甚至预报瞄准很差，结果也能命中 10 环，这种现象是常见的，也是合理的，证明在瞄准时，不需要苛求瞄准点，而应选用适当范围的"瞄准区"。瑞典著名男子手枪慢射运动员斯卡耐克尔为自己特制了一副看近处清晰，看远处模糊的眼镜，目的是迫使自己将视觉的注意中心，从目标与准星的关系处后移到准星与缺口的关系上来，以确保击发的高质量。国际射坛有些优秀运动员的视力下降，然而他们还仍然保持其优秀地位，也说明这个道理。射击比赛中，无论运动员的姿势动作怎么合理，肌肉用力怎么协调，企图在瞄准时保持枪支静止不动是不可能的。尤其是步枪立射和手枪慢射等项目，当运动员感觉到枪支稳定的时候，实际上也只是枪支晃动的速度相对慢些，晃动的范围相对小些而已。因此，各项目运动员应根据各项目条件的不同和运动员技术水平的差异，适当选择自己的"瞄准区"。

击发技术

击发是射击过程中各项技术中的关键技术。任何项目的运动员最终都必须通过食指扣扳机完成射击任务。射击技术中的调整姿势、控制枪的稳定、进行瞄准等一系列的活动，最终结束在扣扳机动作上。扣扳机的技术很复杂，分解开来有以下要点：第一，扣扳机的食指要单独用力，其余手指保持原来状态，以保持枪支的稳定和其他部位的协调不变。第二，扣扳机的食指要正直用力。食指用力方向应该是正直向后，目的在于减少对枪支稳定性的影响。第三，扣扳机的食指要均匀用力。均匀用力的目的是为了保持枪

击 发

支在击发瞬间的平稳，防止食指突然用力，破坏各部位所形成的正确关系。第四，掌握适时击发。使用任何枪支射击时，扣扳机的动作均必须有预压过程。即枪支的准星在进入瞄准区之前就应对扳机施加压力，在枪支未完全达到稳定或将要达到稳定时，对扳机提前扣压，其目的一方面是为了防止猛扣扳机造成枪支晃动，另一方面提前预压有利于在枪支准星进入瞄区短暂的稳定期内适时进行击发。

1. 手枪射击击发技术

手枪慢射击发技术。手枪慢射姿势动作支撑点少，枪的稳定性较差，不可能稳定在一个点上不动，只不过是有时晃动大，有时晃动小而已。晃动是绝对的，稳定是相对的。枪的晃动有一定规律，当运动员举枪进入瞄准区后，身体各部位的力量进行细微的平衡、调整，枪支的晃动幅度由大变小，逐渐趋向稳定，出现相对的"稳定期"，根据枪支晃动规律适时进行击发。击发时必须注意力量的保持，在心情不急的情况下，食指对扳机逐渐增加压力，直至击发。慢射手枪的扳机与其他枪支不同，是触发扳机，扳机引力不限，可以调整到几十克重，扳机过程也很短，因此，在思想上必须做好"提前扣"的准备，同时做到在"坚持不急"的情况下扣响。

手枪速射击发技术。手枪速射要在短暂的时间内连续不断地扣动和松开扳机。要求运动员扣扳机动作快，动作幅度大，节奏感强。因此，

应以食指的第一节的中部扣压在扳机的下三分之一处为宜。运动员的食指对扳机引力及其运动速度的知觉能力是衡量速射运动员扣扳机水平的重要标志。运动员纵向运枪时，在完成预备姿势过程中，就应完成对扳机的预压。当运枪接近靶纸下沿并继续向上运动的同时，继续不断地、均匀地扣压扳机，直至枪支准星进入理想瞄区稍停或即刻完成击发。运动员在横向运枪时，在上一发枪响的同时，食指迅速松开扳机，再迅速回压扳机。在枪支接近和进入瞄区的过程中，对扳机均匀加压，直至完成击发。

手枪速射扣扳机技术与其他项目所不同的地方是射击节奏。手枪速射的射击方法是在规定的时间内连续射击 5 发子弹。在 5 发射击过程中，不同风格和动作类型的运动员，会形成不同的射击节奏。有的运动员形成均匀等速的射击节奏，即在一组（5 发）子弹射击过程中，每发子弹射击的时间间隔大体相等，节奏均匀，动作连续，从容不迫，每个环节动作准确到位。这种射击节奏要求运动员具备良好的技术配合能力和准确的时间感觉。均匀等速节奏的掌握，虽然需要较长的训练过程，但一经掌握，则易于保持技术稳定，在比赛中也易于发挥水平。另有一些运动员形成逐渐加速的射击节奏。这种节奏的特点是：在第一靶、第二靶射击中充分利用时间争取高环值。从第三靶开始射击速度逐渐加快，一气完成第三至第五靶的射击。逐渐加速的射击节奏体现出灵活利用时间、积极主动的特点。但一定注意要与因第一靶、第二靶射速太慢而被迫加速，在第三至第五靶射击中赶时间的权宜之计区别开来。

女子运动手枪射击击发技术。女子运动手枪射击扣扳机的方法是：用食指第一节的中部扣压在扳机的中部或下 1/3 处，由快到慢逐渐加压，直至完成击发。在慢射部分射击时，举枪从上到下在准星落入瞄准区之前就开始预压扳机，在枪支下落过程中，逐渐增加扣扳机的力量，待准星进入瞄区相对稳定时完成击发。在速射部分射击时，运动员完成预备姿势的过程中，就应完成对扳机的预压。当运枪接近靶纸下沿并继续向上运动的同时，继续不断地、均匀地扣压扳机，直至枪支准星进入理想瞄区，稍停即完成击发。

男子标准手枪和手枪慢加速射项目射击击发技术，基本与女子手枪射击项目相同。

2. 步枪射击击发技术

卧姿射击时，当枪支的自然指向调整到目标下沿中央后，运动员做深呼吸，然后缓慢吐气。与之同时，食指正直均匀地向后扣压扳机，逐渐加大压力，在"平正准星"稳在瞄准点时，屏住呼吸，自然地扣响扳机。立姿射击时对扣扳机时机的掌握与卧姿射击不同，在立姿射击击发过程中，要"先扣后稳"，即开始屏气瞄准时，扣扳机的意识在前，稳枪意识在后。因为如果开始屏气瞄准时，先注意枪稳，往往待枪支稳定时，食指的起动状态滞后，食指起动时，枪支的稳定已经消失。跪姿射击过程中，枪支晃动状态是在瞄区内呈有规律的缓慢晃动，且晃动范围较少，因此跪姿射击扣扳机应采用"稳扣"、和"微晃中扣"相结合的方式。总之，在步枪射击中，稳（枪的稳定）、瞄（瞄准）、扣（击发）是一个有机配合的整体动作。三者的协调配合技术是射击过程中的关键技术，也是一个长期训练的过程，无论是哪个层次的运动员都应视为训练的重点。

3. 飞碟射击击发技术

飞碟射击击发，需在准星与碟靶之间构成提前量的瞬间完成。因此要求运动员在射击过程中报"好"前应做好对扳机的预压（预压力量为扳机引力的二分之一），击发要求及时果断，在"模糊状态"中完成击发，即在提前量估计构成的同时扣响扳机。完成击发后，无论是否命中碟靶，都要保持原有动作不变，继续沿碟靶飞行轨迹保持一段距离的运枪，目的在于加深运枪动作的内在感觉和保持动作的一致性，有利于第二发子弹的发射。

4. 移动靶射击击发技术

移动靶射击的击发过程是：在运动员将枪支抵胯做准备动作的同时就开始预压扳机。在转体运枪、瞄准过程中继续加压，当准星进入瞄区的前期或中期扣响扳机。由于移动靶射击中枪的稳定时间是短暂的，因此要求运动员在扣扳机时要快（但不能抢扣）。由于击发过程中，食指对扳机逐渐加压，所以扳机的引力不宜过轻，以200~250克为宜。扣扳机力量的分配，要求在慢速射击时，预压力量占五分之二，加压力量占五分之二，扣响力量占五分之一为宜。快速射击时，预压力量占五分之三，加压力量占五分之一，扣响力量占五分之一为宜。

移动靶射击击发与瞄准的配合，在技术上有较高的要求。在运枪接靶的瞬间，有时准星与瞄准点即刻"吻合"后又脱离，这种虚假的"吻合"并不是真正的稳定期，这时，若运动员误认为是稳定期，而急于扣扳机就会造成"抢击发"，容易出现坏环。

由于移动靶射击中的相对稳定期极其短暂，所以掌握不好，很容易错过击发时机，因此，水平较高的运动员，往往在稳定期的前期（第一稳定期）或中期（第二稳定期）击发。最好的击发时机是在前期击发，运动员通常称此为"早击发。""早击发"的优越性很多：第一，使运动员精力集中。"早击发"要求准备工作细致，动作迅速，思想杂念少，思维敏捷，哪一点做不到位"早击发"都不会实现。第二，会减少被迫击发所产生的失误。第三，会减少精力和体力上的消耗。第四，可以争取时间，加大每发子弹发射之间的时间间隔，有利于运动员进行心理调节和进行枪支上的修正。

"保持"环节

"保持"系指运动员在发射每发子弹的过程中，在击发动作完成后，姿势动作和心理稳定按原来状态保持几秒钟后，再做"收枪"动作。这是射击运动员在训练实践中总结出来的经验，也是射击弹道学理论的研究成果。因为在发射过程中，火药燃烧，弹丸脱离枪口时，火药气体也随着弹丸一起向外喷出，一部分气体在空气中消散，另一部分气体在离枪口 0.5～1.5 米距离处仍然对弹丸继续起推动作用。过早"收枪"会影响射击精度。另一方面，运动员从产生击发意识到完成击发动作，需要一个时间过程，其中包括：运动员击发时手指的反应时间；扳机本身机械运转的时间；撞针撞击底火点燃火药产生气体推动弹丸进入枪膛的时间；弹丸在枪膛中运动的时间等。根据计算，以上过程所需的总时间为 0.34 秒，因此，运动员在完成击发过程中，从思想上不可有马上"收枪"的准备，必须将"保持"作为整个射击程序中的一部分。这是每一个射手在发射过程中均应坚持遵循和必不可少的重要环节。

射击战术

射击战术特征

射击属于技能主导类独立表现项目。比赛时运动员不受对手的直接干扰，不需要集体成套的战术，主要是通过运动员个人对战术手段的运用来实现战术目的。有的人认为射击比赛无需战术，这是不对的。实践证明，射击战术的运用对运动员比赛中发挥水平起到举足轻重的作用。射击运动员常常说，什么样的应变将产生什么样的结果，能够保持冠军的人，必定是在射击中遇

奥运会射击比赛现场

到变化情况时，善于运用战术的人。概括起来，射击战术有以下几个方面的特征：

1. 良好的基本技术为基础

射击战术从某种意义上讲是自身技术运用能力的表现。例如，在比赛中往往由于环境的变化需要加快比赛节奏，在这种情况下，没有一致性和稳定性等一系列基本技术作保证，快节奏是实现不了的；在气候恶劣的情况下，尤其是大风天，风向不定的情况下，往往需要长时间的据枪等待击发时机的到来，在这种情况下，运动员没有动作的持久性作基础，欲施展能快能慢战术，则无法加以实现。

2. 相对的稳定性

射击与其他团体赛项目和对抗性项目不同。射击战术有其相对的稳定性。不会因为对手的战术变化而影响自己比赛战术的实施，所以在平时训练中，可以有预测性，也可以作出预赛方案。例如：2000年中国射击队参加悉尼奥运会之前，对历届国际射击大赛中所发生的问题，逐条加以研究作好总结，并对奥运会可能发生的问题进行了分析作出预案，因此在奥运会上，所遇到的问题都能很快解决，使比赛顺利进行，最后超额完成了比赛任务。

3. 独立掌握和运用

按规则规定，射击运动员上场比赛，教练员不准许现场指挥，因此运动员除掌握必要的基础理论知识和熟练掌握竞赛规则外，还要通过各种手段培养和发展运动员的观察能力、思维能力和分析问题解决问题的能力。只有在此基础上，运动员才可能独立研究战术，掌握和运用战术。

4. 试射的战术运用

射击比赛中，在记分射之前，按规则规定给运动员一定的试射子弹和时间。试射的子弹是不记成绩的，试射的作用是让运动员校正枪支、调整动作和检测气象的影响，然而，不少运动员在试射以后转向记分射时就出了毛病，往往试射成绩很好，记分射开始成绩就不理想。因此试射的运用对运动员来说就是一个战术问题。要求运动员对试射的目的要明确，试射转换记分射时的心情要达到平稳衔接。一般情况下，在记分射开始之前，不管试射成绩好坏，都要做几次空枪预习。

5. 天气变化下的战术

天气变化是影响射击成绩的重要因素，除重视运动员自身技术动作和枪弹的精度外，还要研究气象条件变化对射击精度的影响。例如：风力、风向、光线和气温的变化对射击的影响。在有风的天气里，注意观察试风旗的飘动，以估计风力的大小，要按平时训练所制定的表尺修正量进行修正。对光线的影响也需要在平时训练中采取相应措施，比赛时按赛前训练的预定方案对准星、觇孔或射击眼镜适当进行调整。比赛时在风向变化一致的情况下可以采用修正表尺的办法来适应风向的变化，然而，在大赛中往往风向是不定的，在风向不定的情况下，需要果断地采取修正瞄准点射击的战术，才能保证良好的射击精度。修正瞄准点必须掌握各种枪支在各种风速作用下的风偏数据。有关专家以国产5.6毫米小口径运动步枪为例，验算出它在各种风速（横风）作用下的风偏，可作为参考。

6. 必要的信息回避

射击比赛中，慢射项目发与发之间，速射项目组与组之间，女子运动手枪和男子手枪慢加速射项目阶段与阶段之间，奥运会项目资格赛与决赛之间都有一段短暂的休息时间。在这段时间里运动员的比赛成绩信息，往往会互相传递，因而会引起运动员的焦虑，造成运动员的紧张，影响运动员水平的正常发挥。在这种情况下，采取必要的信息回避是非常必要的。应该说做到自觉的对信息回避是一种自控能力的表现。在第25届奥运会上，我国女子飞碟运动员张山，很好地运用了信息回避战术。在所有比赛空隙时间里，她都能较好地掌握自己，不计算自己的成绩，不打听别人的成绩，集中精力回忆动作，排除杂念保持清醒冷静的头脑，最后取得奥运会冠军。这是运用信息回避战术的佳例。

比赛指挥战术

射击比赛过程中，在比赛现场特别强调运动员独立作战能力，但在临赛前和比赛间隙的时间里，运动员离开现场，取得教练员的指导与教练员密切配合是允许的。教练员在赛前要指导运动员建立正确的心理定向，帮助运动员以我为主，把握进程，尽心尽力，顺其自然，保持一颗平常心；指导运动员制定符合实际的比赛方案，规定好动作程序；对可能出现的问题作出预测，并制定出解决问题的办法。比赛开始前督促运动员准时入场，提醒运动员携带比赛时所需的枪支零件、号码布、参赛证等。在运动员需要场外指导时，一定要语言简明扼要，切其要害，切忌模棱两可。

1. 重视射击操作程序的建立

高水平射击运动员在参加大赛时，为了避免比赛中出现人为的事故，对比赛中的操作过程需建立严格的程序，是比赛取胜的重要战术。务必做到动作规范化、操作程序化、促使比赛一气呵成。尤其是一些有时限的速射项目，例如：

手枪速射操作程序。运动员在一组射击之前，听到"装子弹"口令后，向弹夹内装入子弹，检查弹夹内是否装够 5 发，检查子弹在弹夹内排列是否正常，将子弹夹装入机匣时，检查弹夹是否到位。调整握把，确定站立位置。在推枪机的同时，眼睛看着子弹是否入膛，检查枪机闭锁是否确实。调整呼吸，成预备射击姿势，等待靶标信号。

飞碟射击运动员在上场之前准备工作程序。严格掌握到场时间，然后做身体准备活动，进行举枪热身，安静入神，再进行活动后上场。

移动靶射击操作程序。做好预备姿势，起枪、抵肩、贴腮、转体运枪、瞄准、击发、保持。

2. 灵活掌握比赛节奏

射击比赛中，每个比赛项目都有严格的时间限制。尤其是手枪速射项目，在 4 秒钟内需发射 5 发子弹，平均每发发射时间不到 1 秒钟，因此要求运动员果断击发，而且发射时要有均匀的节奏。决不允许超过时间发射，否则计为脱靶。在慢射项目中，要合理安排各组的发射时间，在整个项目的比赛中，要防止前松后紧，既要充分利用规定的时间，又要保证在规定的时间里顺利完成比赛。在比赛的间隙里，要充分利用时间进行休息和调整，及时分析比赛形势，总结经验教训，适时修正比赛方案。

3. 重视提高 10 发决赛能力

在奥运会项目比赛中，最后进行 10 发决赛，是运动员能否最后取得胜利的重要环节。运动员必须加以重视，必须从严从难加强决赛训练，提高运动员在决赛中的抗干扰能力和应变能力。

决赛时，内外环境对运动员的干扰较多，心理压力较大，每一发子弹的好坏都会直接影响运动员最后的名次。来自外界的干扰是有形的，对每个参加者又都是平等的。对于外界干扰，首先是在思想上要承认它，认识到它们是不可避免的，要把它们当成正常的现象自然地去接受。有些干扰可以置之不理，如有意识地不听裁判员报成绩，你报你的，我准备我的。或借助器械（如戴耳罩）减少杂音对自己的干扰。内部干扰是无形的，排除内部自我干扰必须：首先在思想上抛掉个人得失；确认没有动作的发挥谈不上决赛的胜利；最后一发子弹没有射完之前，谈不上决赛的胜负；一切以我为主，落实每一发发射的技术动作，并贯穿在比赛的始终。

决赛训练的方法很多，例如，进行缩短每发射击时间的训练；决赛时限制在 75 秒内发射，平时训练可要求在 30 秒内发射；在训练中提高一次发射成功率等。

4. 队员上场的安排战术

规则规定，各项目队赛编队皆由 3 人组成。进行队赛时，上场顺序的安排是一种艺术也是一种战术。第一名上场的运动员一般要求水平较高，成绩稳定，能起到带动全队、稳定军心的作用。最后一名上场的运动员，由于前两名队员的成绩都已经公布，各队的比赛成绩比较接近，竞争明显激烈。在这种情况下，要选定敢于发挥和善于发挥平时训练水平的运动员上场。

比赛中的心理战术

1. 发发从"零"开始

射击比赛中的显著特点是，每发子弹都会出现一个结果，每一个结果都会影响运动员的心理变化。因此，每发子弹射击完成后，下一发子弹都需从"零"开始，这样才能在每发子弹射击中做好心理调节，精力集中，从发射动作上体会技术要领，抓好瞄、扣配合，在整个射击过程中做到心平气和，心情和动作都做到始终如一，这是在大赛中取得优异成绩的重要心理保证。

2. 在比赛中的恰当定位

运动员在比赛中对自己进行恰当的定位是十分重要的。要真正做到知己知彼，必须正确地分析自己与对手在技术、战术、心理、赛场气氛（即天时、地利、人和等条件）、平时成绩和最高成绩等方面的优劣势。只有在充分了解自己与对手的基础上，才能对自己在比赛中的位置进行正确、恰当的定位。运动员如果"定位"不正确，就会产生盲目自信的心理状态，一旦遇到困难和挫折，就会灰心丧气，继而动作变形，成绩下降，以致输掉比赛。或者妄自菲薄，看不到自己的优点和长处，没有上场就败下阵来。运动员要将自己定在"争"和"拼"的位置上，切忌将自己定在"保"的位置上。要知道世界上没有常胜将军，没有永恒的英雄。即使自己昨天刚拿到世界冠军，今天不一定能够再拿到，惟有去争、去拼，才能获得胜利。那些盲目追求金牌而又缺乏拼争精神的想法是非常有害的，要坚决予以摒弃。

3. 保持一颗平常心

"平常心"是人对事物的一种淡漠、宁静的处世态度和心理倾向，是对成功与失败、幸福与痛苦、荣誉与耻辱、金钱、权力和地位的感悟。常常表现为不以物喜，不为己悲，对身外之物没有过分的企求。"平常心"与积极的思维方式、正确的定位、正确的心理定向、适宜的目标、适宜的自信心水平和对对手的充分了解密切联系在一起。运动员在比赛过程中的"平常心"表现为对比赛过程的把握，而不是对比赛结果引起的一切悲与喜、荣与辱的关注；对自己的技术动作方面表现为果敢而不苛求；对观众、裁判、教练的态度表现为宽容和理解；对自己的比赛表现为自信但量力而行；对比赛所要达到的目标要求表现为实事求是，既不过高也不过低。

4. 要有适宜的自信心

自信，是获取比赛胜利的内在源泉和动力。只有充分自信的人，才能摆脱逆境，从而走向胜利。

自信心是获胜的关键，试想一个没有自信的运动员，首先在思想上就已经输给了对手，他还有战胜对手的可能吗？美国有一个叫德尔·佩斯的射击运动员，他的队友都很佩服他的自信心，他不仅坚信胜利属于他自己，更重要的是为此去争、去拼搏，他总是称比赛中的金牌为"我的金牌"，自信地说："不知道他们（指组委会）把我的金牌放在什么地方，许多人都在窥视我的金牌，但绝没有人能拿走它！"

5. 注意力高度集中

在比赛中，做到注意力高度集中，排除一切干扰，沉浸、陶醉在自己的动作过程之中，真正达到忘我、忘物、忘记一切其他人，这是注意力集中的最高境界。我国移动靶项目运动员杨凌在谈到取胜经验时说，他有一套自我调节的方法，全身心投入是其中的法宝之一。他常常在比赛中射完了30发子弹，自己还不知道，总要裁判员说"比赛结束"，他才知道比赛已经完成了。美国步枪射击运动员安德森，在东京奥运会射击比赛中获得了金牌，但他的队友以及在场的记者没有任何人看到他有高兴的表情，面对观众的祝贺，他满脸的茫然，足有好几分钟后才醒过梦来，意识到自己获得了冠军，原来他的思绪仍然沉浸在他自己的动作之中，一点儿也没有注意到比赛的结果。

射箭的技术战术

射箭过程中的技术

射箭是一项非周期性的、非对称性的技能类运动。其心理学特性是闭锁性，其训练学特性是重复性。

闭锁性——射箭技能的形成主要靠运动员的内在感觉、自我掌握和独立应用。技术的外观单一，不易观察出技术的内在变化。比赛成绩取决于运动员自我运动技能的充分应用。因此，射箭的心理学特性属闭锁性类。

重复性——射箭的准确性要求每支箭的发射必须做到高度一致。因而也决定了射箭必须多次高度一致地重复训练。在高度一致的重复中，使技术形成动力定型。定型后的技术是为了在比赛中也高度一致。

由于射箭技术的重复性和闭锁性的特点，要求在射箭技术训练中必须重视每一细节的差异，并控制这些差异以形成一致性。重复多次的训练和分解式的训练是射箭技术训练的两种主要手段。分解训练才能控制技术细节上的差异，重复练习才能形成技术的一致性动力定型。

准备动作阶段的技术

准备动作部分的主要任务：使注意力处于高度集中的状态，对射好一支箭或一组箭发出指令性动作信号，做好起射前的一切准备工作。

1. 审靶（观察自己射的靶子）

基本要求是：运动员进入训练或比赛场地后，首先要观察好自己所射的靶位，以及场地上的情况和周围的环境，并针对光线、风向等客观因素可能带来的影响做好思想准备。

2. 选位（运动员选择自己在起射线上的位置）

基本要求是：每名运动员在起射线上应有自己固定的站立位置，最理想的位置是站在靶的中心线上。但根据目前比赛规则规定，单轮比赛均采用同靶位三名运动员在同一时限内发射，运动员根据抽签的顺序决定所站的位置，这样就出现了三种可能：中心线上、中心线前、中心线后三个站立位置，所以运动员又必须具备前、中、后均善起射的能力。

3. 站立（起射时两脚站立的姿势与躯干姿势）

（1）两脚站立姿势

侧立式。侧立式又称平行式。是射箭运动最基本的一种站立姿势，基本要求是：两脚开立同肩宽，站在起射线两侧，脚稍外展，尽量紧靠靶的中心线。

侧立式采用人体的基本站立姿势，比较自然，能保证内脏器官的正常机能活动和使有机体保持长时间的工作能力，不易对躯干产生过分的屈曲和扭转，初学者和女运动员采用此种站立姿势比较适宜。

暴露式。暴露式又称斜向站立式。基本要求是：两脚分开站在起射线两侧，两脚脚尖连线与靶的中心线约成45°角，右脚与起射线平行，脚尖紧靠靶的中心线。

采用此种站式，躯干有较大幅度的扭转，因而两脚站立应适当宽一些。这种站式对加强拉弓臂的后背肌群用力有一定作用。由于这种站式在射箭时躯干扭转较大，参与工作的肌肉较多，所以必须使体重平均落于两脚，使两膝稳固不动，注意持弓臂指向及用力的主动性。

隐蔽式。基本要求是：两脚分开站在起射线两侧，左脚（左手持弓者）与起射线平行并紧靠靶的中心线，右脚稍向后并取斜向站立，与靶的中心线约成70°角。

隐蔽式对加强前撑力有一定帮助，对身体有一定的补偿作用，当弓举起后，人体的重心就发生向持弓臂一侧移动的变化，在这种情况下躯干稍右转（脊柱回旋）会对保持身体平衡有所补偿，减轻骶棘肌的负担，使身体保持正中位，有利于技术的发挥。但是不利的一面是容易造成持弓臂肩部的耸起，破坏前撑直线用力，并易造成弓弦打臂的错误动作。另外，采用此种站立方法对加强后背肌群的用力也有不利的一面。

根据竞赛规则的规定，现代射箭运动所采用的是立射射准，这样人体重心位于支点的上部，属于下支撑的不稳定平衡。鉴于两脚站立的稳定性是整个射箭技术稳定性的基础，为了创造平衡条件，增加稳定程度，两脚站立可以适当分开一些，把身体重心适当降低，以获得理想的稳定角。运动员可根据自己的不同情况采用不同的站立方法，但应有自己固定的站立方法。

如采用斜向站立，两脚分开站在起射线两侧，两脚与肩同宽或稍宽于肩，也可同自己的拉距（所用箭长）同宽。脚尖稍外展，以保证两脚平面有足够的稳定性，一方面可以限制髋关节的自由活动，另一方面可构成足够的支撑面。

对于初学者来讲，开始采用侧立式站法比较有益，对女运动员来讲尤其如此，其他两种站法都带有一定的补偿意义，是具有个人特点的站法，个人的特点是在良好的技术基础上发展起来的。初学者应打好基础，再进一步发展个人特点，这样可以减少训练的盲目性。当个人技术特点开始表现出来，再由侧立式站法向其他任何一种站法过渡比较容易。

（2）躯干姿势

躯干是保证站立姿势正确与否的基本因素之一。基本要求是：躯干姿势要稳定、一致，运动员自己感到自然，以保证内脏器官的正常机能活动，保证有机体能较长时间保持工作能力。身体应垂直于地面，躯干的任何面（沿任何轴）都不得过分屈曲或扭转。体重平均落于两脚，两膝稳固不动，眼睛平视前方，将整个身体摆正放稳，两肩下沉、呼吸均匀，充实气力。

（3）规范的站立动作能体现出：

保证"人—弓"系统的稳定性；

有利于持弓臂的前撑直线用力，并尽量使持弓臂的前臂前部处在箭的延伸线上；

有利于后背肌群的用力，并使拉弓臂的肘关节适当接近射箭面；

使身体各部位和内脏器官处于尽量接近自然的状态。

站立是一个很简单的动作，但却是射箭技术的重要环节。也正由于站立动作比较简单，所以往往被运动员所忽视，造成了许多不应有的失误。射箭的准确性在很大程度上取决于发射时运动员身体的稳定性，而且站立与身体的稳定性有直接关系，因此，在完成站立动作时必须认真，不可草率从事。

4. 搭箭

搭箭的方法多种多样，这里主要介绍以下两种：

（1）先将箭尾槽插入弓弦的箭口部位，并将箭杆置于箭台上，然后把箭杆压入信号片下。

（2）先将箭杆压入信号片下，然后将箭杆置于箭台上，最后将箭尾槽插入弓弦的箭口处。

用直羽片的运动员，无论采用哪种搭箭方法，务必使主羽与瞄准窗右侧相垂直。

5. 推弓

（1）推弓的基本要求：

弓把与手的接触面应尽量小；

开弓后弓与手的压力方向应通过腕关节桡侧（尽量靠近关节中心）；

手指屈肌不要参与工作，并做到最大限度的放松；

推弓的施力点要始终落在弓把的同一位置上，做到对位推弓。

（2）推弓的方法

低推法：弓把抵在掌部，推弓的施力点在鱼际上，弓的压力落在桡腕关节上。手部肌肉和桡腕关节周围肌肉的紧张程度可以相应减小。

高推法（用虎口推住弓把）：此种方法的支撑点与桡腕关节处在同一水平面上，即手和前臂形成一条直线，手掌不完全接触弓把，手指自然下垂保持手掌的水平姿势。采用此种方法，触弓的施力点比较集中，而且也比较接近于弓的中心部位。采用这种推法，在固定桡腕关节时需要较大的肌肉用力，推弓手容易出现不稳定情况，用重磅级弓的运动员不宜采用这种推弓方法。

根据桡腕关节与弓弦运动平面的相对位置，推弓法还可分为浅推和深推两种。浅推：弓把位于前臂纵轴的右侧（左手持弓者），全部负荷由大拇指承受。这不是一种理想的推弓方法，有的运动员持弓臂弯曲，采取其他方法又无法将自己的肘关节从弓弦平面中引开（弓弦就不打臂了），只好采用这种方法。深推：持弓臂前臂前端较深地进入弓的平面，这样可以大大减轻固定桡腕关节的肌肉负荷。这是一种比较理想的推弓方法，但深推要适当，以防弓弦打臂。

推弓手的动作直接影响箭射出的方向，因而在平时的训练中不仅要做到合理，而且要做到认真，以保证推弓动作的高度一致性。

6. 钩弦

钩弦动作由食指、中指、无名指完成。大拇指和小拇指不参与钩弦。为防止其干扰，大拇指应自然弯曲指向掌心，小拇指可自然弯曲或自然伸直靠在无名指上。手腕要放松，并同手背连成一条直线。

钩弦时弦位于三指末节指骨靠近关节处，箭在食指和中指之间，但拉弓的负荷应均匀地分配到三个手指上。

钩弦的三指形成一个特殊的钩子，将弦钩住。钩弦手的任务就是钩弦，除将弓弦牢牢钩住外，不参与其他方面的工作。因此，手的其他部位必须处于最大限度的放松状态，否则钩弦手任何多余的紧张，都会给整个射箭动作带来许多不利因素。

7. 转头

做好推弓和钩弦动作后，在保持身体姿势不变的情况下，头部自然转向靶面。在选择头部最佳位置时，运动员除考虑到自己的特点外（如鼻子的高低、下巴的长短等），还要注意下列两点：

（1）转头后眼睛应向箭靶自然平视；

（2）颈部肌肉要自然放松，否则会对背部和肩带肌肉用力产生不良影响。

基本动作阶段的技术

1. 举弓

左手持弓，右手钩弦，头部自然转向靶面，眼睛平视前方，两臂举起，高度一般以使拉弓臂在眼睛的水平线上为宜，弓与地面垂直，箭要成水平并同拉弓臂的前臂连成一条直线，两肩自然下沉，调整呼吸，准星对准黄心或黄心垂直线上方的某一个固定位置。通常采用的举弓方法有两种：

（1）高位举弓

弓举起后，眼睛、准星和黄心垂直线上方的某一点连成一条直线。举弓的高度一般与眼睛持平。这种举弓方法在开弓前两肩能最大限度地舒展放松，背部肌群也能预先拉长放松，对开弓和开弓后的固定姿势都是十分有利的。

（2）水平举弓法

弓举起后，眼睛、准星和黄心连成一条直线。举弓的高度一般与下颌持平。

2. 开弓

开弓县借助持弓臂的伸展和拉弓臂肩带（肩胛骨）内收的力将弓拉开，持弓臂对准靶心直推，拉弓臂在前者的同一延长线上直拉。

基本要求是：举弓稳定以后，利用两肩带肌的力量，采用前撑后拉的方法，沿最短距离将弓拉开。开弓的具体方法，由举弓动作来决定，如采用高位举弓法的运动员，在开弓过程中，眼睛不要离开准星，以检查准星是否偏离了黄心的垂直线，是否已接近黄心，以使在弓弦到位的同时，准星也进入黄心。采用水平举弓法的运动员，就采用水平开弓的方法。在开弓过程中，除保持两臂沿水平方向用力外，还应保持准星在黄心内。

开弓是射箭基本姿势动作的一个重要环节，因而应做到：

（1）开弓要做到两准

拉距要准。开弓后，信号片应压在箭头的一个固定位置上，否则会破坏完成射一支箭整体动作的节奏。

准星要准确进入黄心。弓开满（即弓弦到位）时准星瞄入黄心，不进行第二次移动瞄准。

（2）开弓既要做到稳定又要做到果断

要稳定，是指弓举起后要有一个稳定过程。在开弓过程中，也要保持这种稳定状态。

要果断，就是要大胆果断地将弓拉开，开弓时思想上没有任何顾虑，古人云"怒气开弓"，也有这方面的含义。

（3）另外，在开弓时要保持最初站立时的身体位置。

3. 靠弦

（1）靠弦的方法（钩弦手的定位方法）

颌下定位。基本要求是：大拇指自然弯曲指向掌心，食指靠在颌骨下面，弓弦对正鼻、嘴和下巴的中央。

侧向定位。基本要求与颌下定位法相同，只是开弓后弓弦靠在嘴右角处（左手持弓者）。这种靠弦方法带有一定的补偿性质，一般适用于前臂较短的运动员。采用这种方法可以加大锁骨和肱骨的角度，使前臂的纵轴更接近于射箭面，这有利于后背肌群的用力。

（2）靠弦的特点

靠弦动作结束的同时，即射箭基本姿势形成之时。这时最大的特点是各部动作必须按技术规格要求完全就绪。因为靠弦动作的结束也就是瞄准动作的开始，也是持续用力的开始，也就是说靠弦动作的结束，接着又进入了一个新的更重要的阶段，所以靠弦动作一定要一步到位，否则会给下面的动作带来破坏和干扰。

（3）靠弦——基本姿势的形成

靠弦到位基本姿势就形成了，这是射箭运动基本技术中的重要一环，是射好一支箭的基础。它是各部肌肉在开弓以后继续保持连续性紧张以平衡弓的张力，并且是各部肌肉持续正确用力的前提条件。

基本姿势形成，射箭运动的基本用力——直线用力也就形成了。

直线用力，是指持弓臂向用力方向（靶心方向）前撑和拉弓臂靠后背肌群（主要是菱形肌和斜方肌中部）的积极牵引向相反的方向运动，从而形成了两个力量相等、方向相反，并作用在一条直线上的力。

基本姿势形成以后，总的要求是：身体端正，体重平均落于两脚之上；塌肩舒胸，动作层次清楚，左右用力对称；整个动作自然轻松，稳固持久。

古人对射箭姿势的要求为："身法亦当正直，勿缩颈，勿露臂，勿弯腰，勿前探，勿后仰，勿挺胸，此为要旨，即尽善矣。"还讲："身端体直，用力平和，拈弓得法，架箭从容，前推后走，弓满式成。"

从古到今，善射者都很重视基本姿势动作的训练，因为它是提高射箭技术的基础，这个基础打得越牢固、合理、轻松、自然，就越能长时间地保持工作能力，随心所欲地去完成下面各环节的动作。

为了便于研究靠弦这一即时动作，可把靠弦到位基本姿势形成时有关动作作如下分析：

持弓臂动作。持弓臂动作的作用是：克服弓的自重，平衡弓的重力矩，反抗拉弓臂的牵引，稳住弓，为流畅用力、精确瞄准创造条件。

持弓臂前撑应做到肩、肘、手这三个用力点连成一条直线。古人讲"肩、肘、手要直如箭"就是这个意思。

持弓臂的用力特点属于静力支撑。前撑力的发力点在于肩，首先应把肩关节固稳、固牢，始终处于向目标方向正直前撑的状态。

持弓臂的动作完成以后，从运动员背后看，推弓手应与前肩平或略高于前肩。从俯视图看，肩关节中心与箭杆的垂直距离应尽量短，使持弓臂接近于箭的延伸线。因为持弓臂肩关节角度（锁骨和肱骨的角度）的大小、肩关节中心与箭杆垂直距离的长短（力臂），对射箭技术的合理性都有很大影响。其角度越大，肩关节中心与箭杆的垂直距离越短，持弓臂就越接近于箭的延伸线，这不仅符合直线用力的原则，而且会更加省力，并对持弓臂在瞄准过程中及撒放后的稳定性都起到决定性的作用。

持弓臂动作用力的优劣，肩关节起着很关键的作用。按技术规格的要求，运动员的两臂在做动作时都有一个塌肩的动作。

拉弓臂的动作。拉弓臂动作的主要作用是：克服弓的张力将弓拉开，使弓产生形变，并保持持续用力。

拉弓臂的动作要做到塌肩抬肘，即顺塌肩之势将肘抬起，不要硬抬。

拉弓臂动作完成以后，从运动员正面看，其前臂应高于箭的延伸线。前臂和手腕都要完全放松，使前臂和手腕处在同一个平面上，腕部既不凸出来也不凹进去。

拉弓臂动作完成以后，射箭的基本姿势就确立了，这时瞄准眼瞳孔中心点、钩弦点、搭箭点、靶的中心点形成了一个面，这个面与地面垂直，叫射箭面。

从俯视图看，拉弓臂前臂的纵轴应在射箭面上（在箭的延伸线上），如果达到这一要求，不论从理论上讲，还是从实践中证明，都是最合理的，因为它最符合直线用力的原则。

在研究拉弓臂动作时，有两个地方必须注意：一是肩关节俯视角度的大小，二是肩关节中心与桡骨中心距离的长短。肩关节（锁骨和肱骨）的角度越大，肩关节中心与桡骨中心的距离越短，前臂就越接近于射箭面，越有利于后背肌群的用力，越有利于直线用力。

射箭基本姿势形成以后，还应注意两条线：一是从正面看的箭的延伸线，二是从俯视角看的靶的中心点、搭箭点和钩弦点连线的延伸线。根据弓、箭和运动员相互作用的力学条件分析，俯视角的这条延伸线比正面看的延伸线要重要得多。所以，某些运动员特别是前臂相对较短的运动员，把拉弓臂肘适当抬高一些是比较有利的，目的就是为了使前臂的纵轴进入或接近这条延伸线。

身体姿势。身体姿势要保持正中位：身体重心的垂直线落于两脚之间，体重平均落于两脚之上，保持持弓臂与拉弓臂之间对称用力，使左、右两边的力量保持平衡，使身体姿势呈现出"十字"用力的状态，整个用力做到上下左右无限伸展。

从正面看，钩弦点的最佳位置应在重心垂线上。

从侧面看，人体要以踝关节为轴，身体略前倾，使人体重心垂线前移。前倾的角度可因人而异，但最大角度为前额的投影点不得超过本人的脚尖。在人体处于这种站立姿势时，为了保持身体的平衡，肩胛骨会自然内收，两臂也会自然后伸。这样就加强了后背肌群的用力，在一定意义上防止了"内合"力量的产生。总之，从侧面看要做到重心在前而力量在后。

射箭基本姿势动作形成以后，从前面看：推弓点、钩弦点、拉弓臂肘关节中心点应连成一条直线。从后面看：推弓点、两肩关节中心点应连成一条直线。这两条直线在任何情况下都不能改变，因为它们是直线用力的基础，只要它们不发生变化，就能保证直线用力的顺利进行。

4. 继续用力

继续用力是指开弓后各部肌肉不间断延续用力的过程。

继续用力不是一个孤立的动作，它在完成开弓和基本姿势过程中都在不停顿地进行，随着瞄准的进行而不断地加强。具体是指：加强持弓臂的内旋前撑和拉弓臂后背肌群的柔和用力，即所谓"舒展两肩"的用力。它是整个射箭技术节奏清晰、稳健流畅的基础。

目前射箭运动员所使用的弓上，都装有一个信号片。基本姿势形成以后，信号片压在箭头的一个固定位置上，继续用力，不断增大拉距，将箭头从信号片下拉出，使信号片落下，发出声响。声响给运动员两个信号：一是拉距到位，二是撒放。

继续用力过程中，应注意持弓臂的前撑力和拉弓臂的后拉力，必须同时而缓慢不间断地进行。它们应该是对称平衡力，其大小相等，方向相反。

（1）两臂在继续用力过程中的工作状态

持弓臂的前撑力不应理解为向前的位置移动，而是负责前撑用力的肌群在不断增大抗力的同时，相应地增加肌肉的收缩力，使前撑力和不断增大的拉弓力保持动态平衡。因此，持弓臂的前撑并不是位置移动，而是指肌肉用力的变化，属静力支撑。

拉弓臂的后拉在不断增加肌肉用力的同时，有向拉弓方向位置的移动，这是拉弓臂在其用力过程中的特点之一。拉弓臂在其用力过程中的后移主要靠后背肌群（菱形肌和斜方肌中部）的收缩力，肘关节特别是腕关节周围的肌群应最大限度地放松，以防干扰后背肌群的合理用力及一些错误动作的产生。

要保证拉弓臂肘沿水平方向向后移动，拉弓臂的运动形式应以肩关节为轴，使肘关节做向心运动，防止肘下垂，以免造成力量"内合"。

（2）继续用力与瞄准时间的关系

继续用力是和瞄准同步进行的，所以继续用力时间的长短应与瞄准时间相适应，在第一次相对稳定的瞄准时间里，拉响信号片应是最佳时间。

（3）信号片的功用

信号片的功用有以下几点：

规范技术规格。运动员按照个人的技术特点确定了信号片位置，在以后的训练中，就应该以此去规范技术规格。当弓弦到位（靠弦）时信号片响了或未压在箭头预先规定的位置上，一般说明在技术规格上发生了变化。在此种情况下不应盲目去移动信号片的位置，应先从技术上找原因，以免打乱技术的连续性。

检查运动员的用力过程。信号片的第二个作用是检查运动员在瞄准过程中用力是否出现了停顿（这时从信号片上可以看出，箭停止运动或向前移动），检查动作是否发生了变化。按自己的规范节奏，拉响信号片出现了提前和推后的情况都是不正确的。提前，一般是在完成基本姿势动作时出现了问题；推后，一般是在瞄准和继续用力过程中出现了问题。以此进行检查运动员动作的一致性。

撒放信号。信号片的第三个作用是撒放的信号。正常情况下，信号片响应是撒放时机的最后形成，即在信号片响的同时进行撒放。

5. 瞄准

在靠弦的同时，眼睛通过弓弦一侧的参照点、准星瞄向黄心构成一条直线的过程叫瞄准。

瞄准应在弓的平面上进行。因为准星这一点并不能决定平面在空间的位置，可根据弓，尤其是弦的垂直位置来确定。

现代的比赛用弓，被称为"中心撒放"弓，即弓上的瞄准窗凹度比较大，弓弦可以垂直地将箭射出。利用弓弦瞄准可分为弦内瞄准（通过弓弦的右侧）和弦外瞄准（通过弓弦的左侧）。采用弦外瞄准（弦内瞄准相同），开弓后将弓弦左侧对准准星的右侧，在瞄准的全过程中始终不变，每支箭均应如此。如弓弦的一侧对准准星一侧有困难，那么对准弓的某一位置也可以，但每支箭都应是同一位置。

将弓弦作为瞄准的一部分，不仅有助于瞄准时的"视力回收"，而且对固定射箭姿势会起到很大的监督作用。可以借助弓弦和准星的相对位置，检查动作的变化情况，这对提高动作的一致性是十分有益的．

在瞄准训练中应掌握以下要点：

（1）把注意力集中于自身

瞄准时应做到"星实靶虚"。在瞄准时，准星是清楚的，把视线的焦点集中于准星，而靶子则是模糊的，这对初学者是十分重要的。如初学者养成了"靶实星虚"的习惯，以后再将视线的焦点集中于准星是十分困难的。

射箭运动的竞赛，是属非身体接触的间接对抗性质，要求运动员在对自身动作的进行过程中，具有准确的感觉反应系统，善于对自己的技术动作和用力敏锐地进行控制、调整和协调，使动作尽量完善、准确、稳定、连贯，并形成自动化。所以，注意力必须高度集中于自身的感觉上来。

在瞄准时，应把注意力集中在以准星为边缘的"内环境之内"，只有这样，才能把注意力集中在本体感觉上。俄国教育学家乌申斯基说："注意力是个惟一的门户，一切由外部世界进入人的心灵的东西都要通过这扇门……"如果把注意力集中于靶面，扩大了注意力的空间范围，会有两个方面的问题：一是人为地扩大了注意力的范围，增多外来的干扰；二是由于注意力的分散，降低了本体感觉的灵敏性，技术动作易发生变化，这是产生用力停顿、延长瞄准时间、破坏起射节奏等错误动作的直接原因。

在长时间的训练和比赛中，在周围环境比较复杂的情况下，注意力高度集中在本体感觉上，不是一件容易做到的事情，需要通过意志努力与长时间训练、比赛所带来的疲劳作斗争，同时要学会自我调整、自我休息。

（2）适宜的瞄准时间

瞄准时间是指从靠弦至撒放之间的时间。

每一名运动员都应固定一个上、下不差一秒的相对稳定的瞄准时间，并建立起严格的时间条件反射，这对初学者是十分重要的。

瞄准时间多长为宜，可根据运动员的不同特点而定。按照现代射箭运动的技术特点，一般在2～4秒之内比较理想。其依据是：

瞄准动作的稳定可分为三个阶段，即获得稳定阶段、相对稳定阶段（也可称最佳稳定阶段）和稳定消失阶段。

按照靠弦动作的结束就是瞄准动作的开始的要求，靠弦动作一结束就进入了瞄准阶段。瞄准动作的开始是个很不稳定的阶段，要获得稳定需要有一个过程，这个过程一般需要1～2秒。

到了相对稳定阶段，也就进入了精确瞄准阶段，这个时间大约在1.5～3.5秒，这是最佳撒放时机。

如果在这个时间范围内不能完成瞄准与拉响信号片进行撒放，就错过了最佳撒放时机。又进入了一个不稳定阶段。

进入一个新的不稳定阶段后，经过控制和调整，还可以进入一个相对稳定阶段，但这个阶段与第一个相对稳定阶段相比，在动作质量上已发生变化，运动成绩也会受到影响。

现代射箭运动的发展，对瞄准过程的动作及用力提出了更高的要求。当前的主要问题是瞄准时间过长，稳定的瞄准、快节奏的射法已成为当今世界射箭运动发展的新趋势。"慢开弓，紧放箭"这是古人的要求，这也和我们现在的要求是一致的。

不论在哪个射程上均应采取一次瞄准的方法，一般不进行第二次移动瞄准。

按规范动作的要求，在靠弦的同时，准星应进入瞄准区，这就是一次瞄准法。所谓第二次移动瞄准，是在靠弦以后，准星不在瞄准区里而是在另外的地方，这样必然要往瞄准区里移动，这就是第二次瞄准。这是一种不可取的瞄准方法，因为基本姿势形成以后，任何的移动都会给自己的动作带来变化，移动的距离越大，变化的可能性就越大。采用第二次移动瞄准方法，在技术上就增加了一个动作程序，这就增加了动作难度，延长了瞄准时间，打乱了动作节奏。

6. 撒放

撒放动作是在瞬间进行的，其质量如何是决定箭命中好坏的重要因素之一，我国古代称其为"画龙点睛"，说明了撒放在射箭动作中的地位。

正确撒放时的动作要求是：推弓和拉弓所产生的两个相反的力要平衡、协调，以钩弦点为中心，左右均匀分开，持弓臂随箭射出的方向沿射箭面向前运动，钩弦手沿射箭面向后运动，形成了一个自然协调的动作。

撒放的方式，目前大多采用滑弦撒放。具体过程是：在持弓臂前撑用力的基础上，利用钩弦手三指肌退让的方式使弦滑离三指。由于后背肌群强有力地收缩，使拉弓臂形成复原的自然反作用力，所以当弓弦离开三指时，带动钩弦手沿射箭面直接向后运动。

滑弦撒放是一种理想的撒放方式，目前被世界上广大运动员所采用。因为这种脱弦的方式和拉弓的用力是完全一致的，是拉弓用力的继续，它能最大限度地减少弓的能量消耗，使弓弦沿比较理想的直线轨迹将箭推出。由于它的动力来源主要是来自拉弓臂的后背肌群，当弓弦离开手指时，拉弓臂反射性地向后退回，使之成为一个很自然、舒展大方和协调的动作。

在正常情况下，信号片落下的同时，就是撒放时机的最后形成。射好一支箭很关键的一点就是能准确地捕捉撒放时机。撒放时机即各部动作已完全就绪、各部用力已到最佳状态、准星已稳定在要瞄的位置上、呼吸已基本停止、全身处于相对静止状态、心理上已感到这时撒放定能射中 10 环，以上各条件成熟的同时，信号片也正好拉响。这些条件共同形成的时刻，就是撒放时机。

在确定撒放时机时，其矛盾主要表现在信号片落下和其他诸因素之间的关系上。

一是信号片拉响了，有的因素还未形成，这种现象所占比重不大。二是其他诸因素已经形成，信号片还未拉响，形成了"等片响"的现象，这种现象危害比较大，会影响撒放动作的质量。所以在形成撒放时机的过程中，应把重点放在准时拉响信号片这一环节上。

撒放过程中各部位动作的分析：

（1）钩弦手

当钩弦三指的末端关节小于 90° 时，才能将弓弦牢牢地钩住。在撒放时三指有一个伸指过程，其过程主要不是取决于伸指肌的收缩，而主要取决于屈指肌的退让。退让得越快。弦在手指上滑动的时间越短，其效果就越好，动作就越显得干净利索。但手指的动作伸得再快，也赶不上弓弦回弹的速度，所以不等三指伸直，大约在 105°~120° 时弦已离开了三指。

（2）拉弓臂

钩弦手的运动路线是由拉弓臂运动路线所决定的，拉弓臂的运动路线又取决于用力的部位。拉弓臂的向后运动是通过背部肌群的收缩来实现的。世界冠军美国运动员佩斯说："只要有利于背部紧张这一点，撒放后手会自然沿直线飞到脖子后面。"他还说："我是用背肌的力量进行撒放的"。由此可见，用哪一部分的力量进行撒放是需要特别注意和十分明确的问题。正确的撒放动作的原动力应在后背肌群，特别是菱形肌和斜方肌中部。掌握了这一条，就抓住了撒放的根本，就能避免"松撒"等错误动作的出现，也才能保证弓弦沿射箭面将箭射出。

拉弓臂向后运动的路线应该是这样的：从俯视图看，瞄准时最理想的姿势是拉弓臂前臂的纵轴在箭的延伸线上（箭的延伸线通过肘关节中心）。但大部分运动员达不到这一标准，而是拉弓臂前臂的纵轴与箭的延伸线有一定的角度。

拉弓臂向后运动的形式是以肩关节为轴进行的。在继续用力过程中，其运动方向是向箭的延伸线靠拢，使前臂纵轴接近或进入这条线。撒放时，拉弓臂沿继续用力的方向向后运动，使肘关节通过这条线达到预定的位置。

从正面看，瞄准时拉弓臂的前臂应高于箭的延伸线，撒放时应沿这条水平线向后运动。

从侧面看，撒放后拉弓臂肘关节应超过人体重心垂线。肘的运动止点应在这条垂线之后或之上。

从以上要求可以看出，撒放时不能仅看钩弦手的运动形式，还要看拉弓臂的运动状况；不仅要看动作，还要看用力的部位及方向。

撒放时还有一点应引起重视，就是人体略前移，做适度的补偿是有益的。具体动作是在撒放的同时身体重心前移，做适度的补偿，这不仅能避免后仰的错误动作，而且会加强直线用力，加强后背肌群的用力。这个动作要和整个撒放动作协调进行，从动作来讲不能大，从时间来讲要和撒放同步进行。

综上所述，拉弓臂动作应做到：

最快的速度。指信号片落下到撒放之间的时间，正确的撒放动作应是在信号片落下的同时进行。

最短的距离。在撒放动作结束时，如果钩弦手是在耳根部位停止，那么从弓弦靠点到耳根部位的运动距离要求达到最短。撒放时出现的前送、下压、外扬及内扣等"松撒"的错误动作，都不能达到最短距离。

轻擦脖子。在固定钩弦手时，食指是轻轻贴在下颌下面，大拇指靠在脖子上，钩弦手向后运动的过程中，食指仍要贴着下颌，大拇指也要贴着脖子向后运动，一直到达钩弦手的结束位置。

同样的速度。钩弦手在运动过程中的速度不能有快有慢，也不能先快后慢或先慢后快，更不能停顿。

在一个固定的位置上结束。撒放动作结束时，钩弦手所到的位置应该固定。例如在耳根部位结束，则不论在什么样的情况下都应在这同一位置结束。

用后背肌群的力量进行撒放。

在撒放动作结束时，拉弓臂肘在保持相应高度的基础上，应超过身体重心垂线（从侧面看）。

在撒放的同时，身体略前移做适当的补偿动作。

（3）持弓臂

持弓臂在撒放与发射过程中的作用是保持前撑的方向不受干扰。瞄准时，持弓臂处于开弓静力负荷的作用下，撒放过程结束，这一静力负荷即刻消失，进入发射过程。在发射过程中，持弓臂与弓、弓与箭都处在相接触中，这时持弓臂只能沿射箭面的方向运动，任何上挑、下压、左右摇摆的动作都是错误的，因为它改变了持弓臂的用力方向。古人要求这个动作为"后手发矢前手不知"。

持弓臂的稳定性在射箭技术中占很重要的地位，如果稳定性不好，很难射出高水平，所以在初学时一定打好这一基础。

持弓臂的稳定程度如何，是由用力方向所决定的，要保持好的方向，主要在于保持不停顿的前撑直线用力，如果用力不积极或出现停顿，就为出现前撑用力的错误创造了条件。

检查持弓臂用力是否正确的方法：

看在撒放和发射过程中持弓臂的稳定程度。只要不出现上挑、下压、左右摆动等错误动作，而是沿射箭面方向自然、协调地向前移动，就说明持弓臂用力是正确的。

看撒放后弓向前移动的情况。目前多数运动员采用推弓的方法，推弓时手指不参与用力，是自然放松的，手上套有护弓绳，撒放时弓会毫无阻拦地、自然地向前弹出。从运动员的本体感觉来讲，感到了护弓绳带着持弓臂正直向前运动，这就说明了持弓臂用力是合理的。

撒放是一个关键性的技术环节，同时又是各技术的综合反映，所以要求特别加强其教学和训练，避免错误动作的产生。

结束动作阶段的技术

1. 动作暂留

（1）保持撒放动作结束时正确姿势不变，射箭术语称动作暂留，暂留时间以 2 秒为宜。它不仅是维持身体姿势，而且要把正确用力表现出来，这不仅强化了正确的射箭姿势，而且可使正确的用力得到进一步加强，在一定意义上讲还可以控制箭的正确飞行方向。如果撒放时动作做得不好，但有一个正确的结束动作，也可弥补其不足，减少箭的偏差。

（2）进行即刻反馈。即刻反馈在动作暂留里占有很重要的位置。在起射前的准备阶段已发出如何射好这一支箭的指令性动作信息，当箭中靶，即刻进行反馈，及时总结这一支箭射的情况，并马上决定下一支箭如何射。反馈得越快、越及时，效果就越好。

2. 收势

收势是指一支箭起射过程全部结束时，将弓放下，使身体恢复到站立时的姿势。

优秀射箭运动员的三个时期

技术动作的规范化定型时期

运动员在这一个时期主要是解决基本技术动作的规范定型，提高身体素质，建立正确的心理定向、思维习惯和方法。

在运动员的整个运动生涯中，始终都应抓好基本技术动作的训练。在每个年度的训练中，都应注意基本技术动作的安排和练习。按照运动技能形成的三个阶段划分，每个阶段中基本技术动作的训练也应该有不同的侧重点。

（1）泛化阶段：由于刚接触和学习射箭，运动员的第一信号系统与第二信号系统之间、大脑皮层中各兴奋中枢之间、运动中枢和效应终端（即想和做）之间都还未建立起相对准确的联系。由于各兴奋中枢间信号的相互扩散和影响（泛化），造成运动员动作不协调、不连贯，容易出现肌肉紧张、动作僵硬、姿势别扭等现象。对抗肌群容易参与运动，会很快产生疲劳。这些现象随着不断的练习和熟练程度的提高而逐步得到改善。教练员在这一阶段的训练重点，要放在让运动员按规范技术要求建立起正确的技术概念，教会运动员用正确的练习方法进行训练。这个阶段应看成是技术的定向阶段。

（2）分化阶段：经过一段时间的训练，运动员大脑皮层各兴奋中枢之间、第一和第二信号系统之间，相互逐步分辨出条理，分辨出各项技术间的差异和特点。神经的兴奋和抑制比较集中，概念逐渐清楚，技术动作逐步熟练。运动员按自己认识和体会到的正确技术方法，继续地训练、加深和巩固。各种条件反射在这个阶段逐步建立，这个阶段应看成是运动员基本技术的定型阶段。

本阶段是特别重要的阶段，应引起教练员和运动员的充分重视。这一阶段训练，概念和方法的正确性是运动员基本技术正确定型的关键，定型之后是很难改变的。所以要求运动员按一致性、正确性、准确性和规范性进行反复的、大量的训练。这是为了运动员将来有一个稳定发展过程。

（3）自动化阶段：运动员技术逐渐成熟，各种条件反射基本形成，互相协调。整个技术过程不再需要运动员过多思维活动的控制和监护，几乎是自动地进行。这时运动员的主要技术特征是动作和姿势准确而轻松，心理活动处于较低的水平，技术过程受到动力定型控制而自动进行。这一阶段是运动员技术成熟、比赛出成绩的自动化阶段。这一阶段训练的重点在于保护自动化状态不受干扰。

重视心理建设的时期

这个时期运动员达到一定水平后，技术日臻成熟和完善，在各种比赛中开始取得越来越好的成绩。但是，技术水平和比赛成绩的提高，永远也赶不上运动员主观需要和社会对运动员的需要。两者之间的差距形成了心理压力，差距越大，心理压力也越大。运动员技术的发展在这个时期也越来越经常受到主观和客观心理压力的遏制和干扰，特别是自动化状态易受到干扰，有的甚至形成恶习和痼癖而不能自拔。许多优秀运动员经常说的"射箭真是越射越难"，就是这种心理的反映。因此，教练员和运动员应特别注意对自动化技术加强保护，加强思想修养，提高思想境界。

高水平思想境界的培养时期

在运动员成长过程中，要注意加强思想境界的培养，尤其是当运动员技术上达到较高水平后，各种个人问题、家庭问题、荣誉待遇问题都会遇到，这时候，如果人生观、世界观、价值观、个人思想方法、认识问题的能力等得不到很好的解决，就会制约技术上向更高层次的突破，因此，同样技术水平的运动员，只有思想境界高者才能攀登世界高峰。

部分运动员训练中出现技术水平的"高原期"现象，其中不仅有技术上的原因，往往也存在着思想境界和思想方法问题。这些问题如能得到较好的解决，将有利于突破"高原期"，技术水平会再次发展，运动员将步入运动生涯中的"自由王国"。

临场应变能力的培养

进行模拟训练

近几年，国际箭联对比赛规则进行了大幅度修改，充分体现了比赛的竞争性，增加了比赛的难度。因此，采取模拟各种比赛的方法进行严格的实战训练，应成为赛前训练的主要内容之一。特别是模拟团体赛的射法和各种决赛的射法，以便让运动员在方法上熟悉，在心理上适应。所以，教练员和运动员都应学习规则，了解规则，掌握规则，充分利用规则，熟悉比赛的每一个环节。

积累比赛经验

有条件时应多安排些比赛，以便锻炼运动员的比赛能力，积累比赛经验。

确定比赛模式

确定比赛模式是一件很重要的工作，往往因比赛安排不当而影响了比赛成绩，所以比赛应做到程序化。根据国际箭联规定的比赛一般分预赛（排名赛）、淘汰赛、决赛及团体赛等几个阶段。应根据参加不同阶段的比赛，确定不同的比赛程序。特别是在参加淘汰赛和决赛时，应首先确定自己的分组，根据分组来确定自己的比赛程序，重点安排好上场比赛前这段时间应该做什么，不应该做什么。最积极的办法是，不看别人比赛而去安排自己的准备工作。

培养应变能力

应变能力的培养一般可以从主观和客观两个方面进行。根据射箭运动的比赛特点，在客观上构成威胁的主要是风和雨等气象条件。这就要求在平时的训练中加强在这种条件下的训练，提高发挥技术的能力，把风雨所带来的影响减少到最低限度。

在这种气象条件下比赛，主要表现在对风雨的判断和对瞄准点的修正上，风雨的大小是无常的，特别是风，不仅大小在变，方向也在变。在当今比赛时限较短的情况下，是没有时间调整瞄准具的，惟一的办法就是在靶面上随时调整瞄准区域。这是一种技能，现在许多运动员只会用准星瞄黄心，不仅不会用准星瞄其他区域，就是勉强瞄到别处，动作也变形了，大家常说的"不会射箭了"。具备瞄靶面任何位置的能力，是比赛能力和应变能力的重要表现。

　　主观上的因素比较复杂，一般都具备个性特点。但也有其规律可循，如运动员在比赛中不同程度地存在着"怕"的因素。应根据运动员的具体情况，进行针对性训练。现在许多运动员怕"射黄灯"，为解决这一问题，平时就要进行快节奏的训练，不仅起射一支箭的节奏要快，箭与箭之间的节奏也要快。这种能力提高了，就不怕"射黄灯"。最大限度地满足比赛的要求就是运动训练的生命。所以，在平时训练中，只要是比赛需要的，符合比赛规则要求的，再苦再难也要练，从主观上提高运动员比赛的应变能力。

PART 7 裁判标准

射击运动的裁判标准

裁判人员职责

裁判长的职责

裁判长负责领导全体裁判员和靶场工作人员，正确组织和实施比赛，裁判长与仲裁委员会密切配合，对委托的工作负责，同仲裁委员会商议后，立即采取措施解决技术故障，裁判长应配有专业技术人员和应急物资，以便能及时解决问题。

地段裁判员的职责

每个地段或每 5 至 10 个射击位置指定 1 个地段裁判员，其职责是：在裁判长的领导下，始终与仲裁委员合作，管理好其分管的地段：点名、核对姓名、运动员号码，保证与成绩单、靶位号和成绩公布表相符；保证射手的枪支、装备和附件检查合格；检查运动员的姿势；下达必要的口令；对检查员的正确记录负责；监督操作人员正确地操作靶子；接受抗议，并提交仲裁委员会；负责把犯规、干扰、处分、故障、错射、补时间和重射等记录在卡片上或靶纸上和小黑板上。

靶壕裁判员的职责

靶壕裁判员的人数和地段裁判员的人数相等，其职责是保证能迅速换靶、记录、报靶和升靶；如果不能确定弹着点的位置，其有责任确认是否错射，并同地线地段裁判员和仲裁委员会商量解决；如果使用自动换靶设备，靶壕裁判员的任务是：射击前正确地将靶纸装入自动换靶设备内，射击后再将靶纸取出交成统室，并在靶纸上记录犯规事项。

检查员职责

所有国际射联锦标赛必须有检查员（亦称记分员），其职责是：在使用输送靶的靶场内，每 10 发一组后，立即收集靶纸并存放在保险箱内，以便专人收集送交成统室；填写并核实成绩记录单和小黑板上射手的姓名、号码、射击位置等；当试射靶或记分射靶准备好后，通知射手，射手要求试射或记分射，必须由检查员确认，为了避免语言上的误差，应发给射手分别标示"试射"、"记分射"的换靶牌，射手仅向检查员出示换靶牌即可；每打一发后，检查员应等几秒钟后再给换靶的信号，让射手有充分的时间观察弹着；将每发子弹的环数登记在成绩单上，便于观众知道；避免同射手谈话，更不能评论关于成绩或射手的剩余时间。仲裁委员、裁判长和裁判员可以同射手谈话，领队需同射手谈话必须经裁判员同意。

违反规则的处分

如果射手违反规则或不听从裁判员、仲裁委员的指导，由仲裁委员会或仲裁委员给射手以下处分：警告，出示写有"警告"的黄牌；扣环，出示写有"扣环"或"－2"的白牌；取消比赛资格，出示写有"取消比赛资格"的红牌。处罚显示牌的尺寸约为 70×100 毫米。只有仲裁委员会或仲裁委员才能决定扣环或取消比赛资格。由仲裁委员会决定下列犯规的性质：凡公开违反有关枪支、服装、姿势等，规定者首先予以警告，使其有机会改正错误（检查应尽量在练习阶段和试射阶段）。如果射手在规定时间内仍未改正，就从该射手成绩中扣除两环，如射手仍然不改正错误，则取消其比赛资格；如果违反规则还有意隐瞒，应立即取消比赛资格。如果射手妨碍他人射击应扣除两环，如再发生，则取消比赛资格。如果仲裁委员或裁判员认为射手有意干扰比赛程序，企图从中取利，应对其提出警告，若再有类似的犯规就要从其成绩中扣除两环（飞碟多向和双向扣 1 个命中靶）。如果一个射手用一种危险的持枪方式，其将被取消竞赛资格。给予射手警告必须情况属实，而且裁判员应毫不犹豫地提出，不能给运动员有怀疑的感觉。如果裁判员或仲裁委员认为射手有意耽搁比赛时间，并想从中得到好处，应对其提出警告，再次发生类似情况，应从该射手成绩中扣除两环。所有犯规处分、脱靶、故障、补给时间、重射、射击无效等事项，必须由裁判员清楚地记录在靶纸、成绩登记表卡片上，以便成绩办公室核对。

射箭运动的裁判标准

裁判及其职责

裁判人员组成

总裁判长 1 人，副总裁判长 1 至 2 人。发令裁判长 1 至 2 人，助手 1 人。裁判组裁判长 2 人，裁判员每 5 至 7 靶 1 人。淘汰赛决赛阶段比赛时，1/8 决赛、1/4 决赛和半决赛每 6 个靶设裁判 1 人；决赛时每 4 个靶设 1 人。记分组组长 2 人，记分员轮赛时每靶设 1 人；淘汰赛决赛阶段比赛，除决赛每 4 个靶设 1 人外，其他赛次每 6 个靶设 1 人。编排记录处设总记录长 1 人，副总记录长 1 至 2 人，记录员 6 至 8 人。另设联络员 1 至 2 人，成绩公告 2 至 4 人。

总裁判长职责

总裁判长由主办单位委任，负责主持整个裁判工作。竞赛前，负责检查场地设施和器材，组织裁判员学习规则。负责召开必要的裁判会议，每天比赛结束，进行工作小结。对本规则未含的具体裁判细节，可作出临时决定，但不得与规则精神相违背。对比赛中发生的有关裁判方面的重大问题，有权作最后决定。对违犯规则的运动员，有权取消其比赛资格。有权处理在执行裁判工作中犯有严重错误或不称职的裁判员。审核并签署比赛成绩。闭幕时宣布成绩，以及在大会结束后进行工作总结。

副总裁判长职责

协助总裁判长进行工作，分管赛前裁判员和记分员的学习和培训工作，和裁判组裁判长商定记分员培训计划，了解裁判学习情况。总裁判长不在时，代理执行其职务。

发令裁判长职责

负责比赛的统一发令、计时和安全（包括练习场地）。登记比赛因故中断的原因和时间，控制扩音器的使用和摄影记者的活动等。淘汰赛决赛阶段比赛时，男子和女子组轮流发射，可设 1 至 2 名发令长交替发"发射"、"休息"或"取箭"信号。记分时，要发出"停射"（灯光）信号，两组密切配合，确保场上安全。

裁判员职责

赛前检查场地设施、器材是否符合规定。检查运动员的服装、号码和比赛器械。判定运动员发射是否有效，对犯规者，有权给予处罚。监督报靶、记分和比赛的进行。负责与发令裁判长联系补射箭支及必要的暂停。裁判组裁判长负责记分员的培训工作、处理有争议的箭支、负责改正记分表上箭支栏内的错误。淘汰赛决赛阶段比赛时，负责判分报靶，监督记分员记分（运动员自己核实记录），团体比赛时，监督 1 名运动员报靶，并检查 3 米处等待记分运动员的站位。比赛中出现问题时与裁判长商定，发生重大问题时，应及时报告总裁判长。

记分员职责

核实和记录报靶人所报环值，指挥运动员拔箭和标好箭孔，核算个人累积环值，每射完两组箭或淘汰赛决赛每 3 组箭（1 个射程）后，填写一次成绩报告表，向总记录处报送一次。轮赛每一射程或淘汰赛决赛阶段每一赛次（4 个射程）比赛结束后，裁判员、记分员及运动员须在记分表上签名，然后才能送总记录处。记分员无权改动记分表上已记载每支箭的环值数字，须改动时，必须由裁判员执笔，并和运动员共同签名。

编排记录员职责

在总记录长领导下进行工作。负责竞赛编排工作，编印秩序册，准备需要用的各种表格。核实成绩报表和记分表，排出名次。按男、女分成两组（6 支箭）公布 1 次个人前 8 至 10 名和团体前 6 至 8 名累积成绩。淘汰赛预赛时每两组公布 1 次个人前 24 名成绩、团体前 12 名成绩。决赛阶段比赛时，每赛次中不排名次，每 3 组箭按上一赛次公布的名次顺序公布 1 次成绩，每赛次结束后，按 36 支箭成绩公布录取名次和成绩。整个比赛结束后，及时核算个人及团体总成绩，总记录长签名后送总裁判长审查。比赛结束，立即编印成绩册。及时小结，将文件、资料整理好上交大会。每天比赛结束，印发成绩公报，包括前 25 名运动员的个人单项成绩和累积分及团体前 15 名的累积分，发至每个参赛队、裁判员、记分员以及有关部门，最迟不得超过第 2 天比赛开始前。

联络员和成绩公告员职责

联络员负责终点、总记录处及成绩公告处之间的联络工作。成绩公告员负责公布总记录处送来的个人及团体成绩、协助总记录处核对成绩。

射箭比赛计分

每箭以中靶后箭杆所嵌位置来计环值，箭中靶后，箭杆触及 2 种色区或触及某一环线的，按射中内环区计算环值。中靶箭因受外力影响，致使箭杆改变位置时，按箭杆所嵌的位置计环值。在靶面上或本靶箭道地面上，出现某一运动员3支（或6支）以上的箭，应记录该运动员环值最低的3支（或6支）箭。射出的箭，嵌进了已中靶箭的箭尾，或损坏它的箭扣，反弹落地，均按已中靶箭的环值计算。射出的箭触及已中箭靶的任何部位，又反弹着靶，按着靶点计环值。箭射在地上或触及它物反弹中靶，或箭尾中靶，均按着靶点计环值。箭中靶又反弹落地，或穿出靶面，仍按中靶点计算环值。如果发现1支反弹箭有2个没有标出的箭孔，判脱靶。如果同靶上2名运动员同时发现了反弹箭，在靶面上找到环值不同的2个未标箭孔，每人都按未标出的高环值箭孔记分。箭射中的不是自己的靶，判脱靶。运动员被取消比赛资格，其取得的成绩相应取消，已发奖牌追回。

在比赛进行中，箭支记录有误，必须在拔箭前请裁判员核实更正，由运动员在更正处签名表示同意。在每一射程比赛结束后，运动员核实成绩，只要确认每支箭的记录无误，即可在记分表上签名，如果累积分或合计分有误，记分员可以改正，不需有关人员签名。

比赛惩罚

比赛的运动员，在必射区内不得接受任何方式的技术指导，凡违反者，对指导和被指导者均给予警告，以后每重犯1次，各从总成绩中扣除5环（领队和教练员从本队团体成绩中扣除）。运动员进入比赛场后，在发射区以外开弓者，给予警告。比赛时，在靶面上或本靶箭道地面上出现某一运动员3支（或6支）以上的箭，第1次给予警告，并记录环值最低的3支（或6支）箭的成绩；第2次重犯，取消比赛资格。无故迟到或缺席、不服从裁判、违反规则。经教育不改者，给予警告或取消比赛资格。运动员未得到对方同意，不得动用对方的器械，情节严重者，可取消比赛资格。无论任何情况，弄虚作假，伪造成绩者，经调查属实，据情节给予警告、取消本次，直至 1~3 年度全国性比赛资格。淘汰赛（第 2 阶段）中，运动员前往取箭时，凡未轮到自己靶上记靶、记分，不得走近靶面，必须站在离靶约 2 米处等候，如有违反，给予警告。运动员在 1 次比赛中，3 次受到警告处分者，取消其本次比赛资格。

比赛名次评定

射箭比赛个人名次评定。在单轮比赛中，个人名次按每个运动员的单轮全能（4 个射程 144 支箭）成绩排列，环值高者，名次列前。在双轮比赛中，个人名次按每个运动员的双轮全能（4 个射程 288 支箭）成绩排列，环值高者，名次列前。如成绩相等，中靶箭数多者名次列前，如仍相等，中 10 环箭数多者名次列前，如仍相等，中 9 环的箭数多者名次列前，如仍继续相等，则名次并列。在双轮比赛中，单轮全能和单轮单项成绩取 2 个单轮中最佳成绩，单项名次的排列方法同上。在淘汰赛中，个人名次按决赛阶段（4 个射程 36 支箭）每个运动员的成绩排列，环值高者，名次列前。如成绩相等，则成绩相等运动员之间，需在最后一个射程进行 1 组（3 支）箭的名次决赛。如成绩仍相等，再进行 1 组箭的决赛，直至决出名次。

射箭比赛团体名次评定。男、女分组计算。轮赛时，以各单位参加团体比赛的前 3 名运动员个人全能成绩之和，决定男、女团体名次，环数多的单位，名次列前。如成绩相等，队中个人全能环数多者所在的单位名次列前，如仍相等，个人全能环数多者所在的单位名次列前，如再相等，则名次并列。淘汰赛时，以各单位参加决赛的 3 名运动员每人 4 个射程 36 支箭成绩之和，决定男、女团体名次，环数多的单位，名次列前，如成绩相等，须在成绩相等队（每队 3 人）之间进行名次决赛，方法与淘汰赛个人比赛成绩相等时的名次决赛方法相同。

PART 8 赛事组织

射击运动的赛事组织

国际射联

国际射击联盟（International Shooting Union，UIT），简称国际射联，前身是"各国射击协会国际联合会"，1907 年 7 月 17 日在瑞士苏黎世成立，1915 年解散，1921 年重新组建，改名为"国际射击联盟"，总部设在德意志联邦共和国的慕尼黑。1939 年再次中止活动，直到 1947 年才重新恢复。射击自 1896 年首届奥运会起就是奥运会比赛项目。国际射联现有协会会员 151 个，分属非洲、美洲、亚洲、欧洲和大洋洲 5 个大洲联合会。国际射击联盟的正式用语为德、英、法、俄、西语，工作用语为英语。中国射协于 1954 年加入国际射联，1958 年退出，1980 年重新加入。

国际射联的宗旨是：促进和指导业余射击运动，反对政治、种族和宗教歧视，加强各国射击协会之间的友好关系，促进与其他体育组织和机构的联系和合作。

国际射击联盟代表大会是国际射联的最高权力机构，每两年召开一次，一个协会会员可派两名代表，有 2 票表决权。国际射击联盟代表大会可选举国际射联各机构的成员，批准审计员等人的报告，选定举办世界锦标赛的国家，确定会费，修改章程等。

国际射击联盟行政理事会是国际射联的领导机构，由 10 名执委会成员、7 名理事、7 个委员会的主任、5 个大洲联合会代表和名誉理事（现为 3 人）共 29 人组成。

国际射击联盟执委会是执行代表大会和理事会决议的机构，负责处理日常事务，由国际射联主席、4 名副主席、秘书长、技术委员会主席和从行政理事会选出的 3 名委员共 10 人组成，任期 4 年。

国际射联设有技术委员会、4 个部门委员会（步枪、手枪、移动靶和碟靶）、裁判委员会、章程与法律委员会和医务委员会。所有委员会均至少有 1 名妇女委员。世界射击锦标赛每 4 年举行 1 次，与奥运会交错（在奥运会后两年）进行。世界锦标赛中的移动靶射击和飞碟射击项目可以分别单独举行比赛。第 1 届世界射击锦标赛于 1897 年在美国莱恩斯举行。

国际射联的任务是：在反对种族、政治、宗教信仰歧视的基础上促进与指导业余射击运动。为达此目的，国际射联制定技术规则，颁发裁判执照，协助奥运会组委会组织奥运会的射击比赛，并作为国际奥委会的代表进行技术监督，组织世界锦标赛，促进和发展教学计划与方法，出版联合会通讯，奖励对国际射联有突出贡献的个人。

射击设项

手枪

1. 男子手枪慢射

用小口径自选手枪对距离 50 米的靶射击 60 发子弹，包括试射在内的总时限为 2 小时。1896 年被列为奥运会比赛项目。

2. 男子手枪速射

用小口径速射手枪对距离 25 米的靶射击 60 发子弹，每组 5 发，按 8 秒、6 秒、4 秒的射击时间顺序先各射两组，共 30 发子弹，然后再按相同方法进行第二轮 30 发子弹的射击，在规定时间内射完。两组成绩相加之和为总成绩，以总成绩评定名次。手枪速射项目的满分是 600 分。1896 年被列为奥运会比赛项目。

3. 男子气手枪

用 4.5 毫米口径气手枪对距离 10 米的靶射击 60 发子弹，分 6 组，每组 10 发，包括试射在内的总时限为 2 小时 45 分。1988 年被列为奥运会比赛项目。

4. 女子运动手枪

又称手枪慢射加速射。用小口径自选手枪对距离 25 米的靶射击 30 发子弹，每组 5 发，

男子 10 米气手枪

共 6 组，每组时限 6 分钟。慢射结束后，用小口径速射手枪对距离 25 米的靶射击 30 发子弹，每组 5 发，共 6 组。慢射、速射成绩之和为总成绩，以总成绩评定名次。1984 年被列为奥运会比赛项目。

5. 女子气手枪

用 4.5 毫米口径气手枪对距离 10 米的靶射击 40 发子弹，每组 10 发，共 4 组，包括试射在内的总时限为 1 小时 15 分。1988 年被列为奥运会比赛项目。

步枪

1924 年法国首次举行女子小口径步枪比赛。1929 年瑞典举行小口径步枪世界锦标赛，采用卧、立两种姿势。1930 年起改为卧、跪、立 3

种姿势。奥运会比赛项目有：

1. 男子小口径步枪 3×40 米

使用小口径步枪按卧、立、跪 3 种姿势的顺序向距离 50 米的靶各射 40 发子弹，包括试射在内的总时限为 3 小时 45 分。1952 年被列为奥运会比赛项目。

2. 男子小口径步枪 60 发卧射

用卧姿向距离 50 米的靶射 60 发子弹，包括试射在内的总时限为 1 小时 30 分。1908 年被列为奥运会比赛项目。

3. 男子气步枪 60 发立射

用立姿向距离 10 米的靶射 60 发子弹，包括试射在内的总时限为 1 小时 45 分。1984 年被列为奥运会比赛项目。

4. 女子标准步枪 3×20 米

用小口径标准运动步枪按卧、立、跪 3 种姿势的顺序向距离 50 米的靶各射 20 发子弹，包括试射在内的总时限为 2 小时 15 分。1984 年被列为奥运会比赛项目。

5. 女子气步枪 40 发立射

用立姿向距离 10 米的靶射 40 发子弹，包括试射在内的总时限为 1 小时 15 分。1984 年被列为奥运会比赛项目。

飞碟

兴起于 18 世纪末的英国。采用双筒猎枪，最初射击目标为活鸽，后用泥制物代替。现用沥青、石膏等材料混合压制而成的碟状物，故称飞碟。比赛时，抛靶机按固定方向抛靶，射手依次在不同位置射击，以击碎碟靶为命中，命中多者为胜。

1. 双向飞碟

靶场为扇形，有 8 个射击位置，两端各设一个高、低抛靶房，房内各设一台抛靶机。比赛时，抛靶机向固定方向抛出角度、高度均不同的碟靶，一次抛一靶或双靶。6 名运动员为一组，每位运动员从 1 号射击位置开始，射完规定靶数后进入下一位置，8 个位置共射 25 个靶为一轮。全部比赛男子射 125 个靶，第一天射 75 靶，第二天射 50 靶；女子 75 靶，一天内赛完。1968 年被列入奥运会，原为混合项目，男、女均可参加，1996 年奥运会仅设男子项目，2000 年奥运会增设女子项目。

2. 多向飞碟

靶场为长方形，设有 15 台抛靶机，每 3 台为一组。抛靶机抛出距离、高度和方向均不相同的碟靶，一次抛一靶。比赛时，6 名运动员为一组，轮流进入 5 个射击位置，每人各射 25 靶为一轮。每个碟靶可射 2 发子弹，第一发未射中，可再射第二发。全部比赛男子共射 125 个碟靶，第一天射 75 靶，第二天射 50 靶；女子共射 75 靶，一天内赛完。1900 年被列入奥运会，原为混合项目，男、女均可参加，1996 年奥运会仅设男子项目，2000 年奥运会增设女子项目。

3. 双多向飞碟

靶场同多向飞碟，但只用中间的 7、8、9 号抛靶机，抛出距离、高度和方向均不相同的碟靶，一次抛双靶。比赛时，6 名运动员为一组，轮流进入 5 个射击位置，男子各射 25 个双靶，女子各射 20 个双靶为一轮。全部比赛男子共射 150 靶，女子共射 120 靶，均在一天内赛完。1996 年被列为奥运会比赛项目。

移动靶

移动靶，以小口径步枪立姿向距离 10 米的移动靶射击。移动靶多为跑动的猪靶，故又称跑猪靶。早期移动靶安装在滑车上，靠人工带动后惯性前移，现多为电子操纵。仅设男子项目，1900 年起被列为奥运会比赛项目，至雅典奥运会该项目废止。

移动靶项目，是对与射击地线平行方向的移动目标在限定的时间

（快速 2.5 秒，慢速 5 秒）和区域（2 米或 10 米）内进行跟踪射击。每发射击之间只有短暂的间隔供射手分析、判断和准备。射击一经开始，就必须连续射完规定的弹数，不得中断。因此，要求射手具有思维敏捷、反应迅速、准确的判断能力和良好的心理自控能力。

这是一种模仿猎取走兽的射击竞赛项目。射手用步枪向移动的野兽靶进行射击，以命中靶上记分环的环数多少计算成绩，多者为胜。1900年在巴黎奥林匹克运动会上曾举行过打野猪的射击比赛，前 6 名均为法国所获。1908～1956 年，奥运会的移动靶改用跑鹿靶，这种跑鹿靶最初是英国于 1862 年采用的。1949 年首次举行了世界跑鹿靶锦标赛，其射击距离为 100 米，用口径不超过 8 毫米的大口径步枪射击。这个项目由于设备较为复杂，每个靶场只能供 1 人射击，限制了活动的开展，因而参加世界性比赛的人数不多。1956 年以后，奥运会取消了跑鹿项目的比赛，但世界射击锦标赛仍保持跑鹿项目比赛至 1969 年。1966 年威斯巴登世界射击锦标赛设置了新的移动靶项目，目标为跑猪靶。这种跑猪靶最初的记分环为 5 个环，后改为 10 个环，中心 10 环的直径为 60毫米。10 环跑猪靶一直沿用至今。1972 年跑猪射击（标准速）列为奥运会项目。

跑猪的射击是采用无依托立姿。比赛时射手取预备姿势，待目标出现后才能举枪射击。由于猪靶作快速的横方向移动，瞄准时要根据目标移动速度和子弹飞行速度，取一定提前量，才能精确命中在靶上的 10环。现代打跑猪靶采用装有光学瞄准具的步枪，它可以精确地进行瞄准，其准星构造能适应两种不同速度所应取的提前量。

跑猪靶射击的特殊技术是掌握射击时的转体运枪动作。射手身体必须均匀地转动，其转动的速度要与猪靶的移动速度相适应，在转体运枪的过程中进行追随瞄准和扣扳机不能停顿。长期练习所形成的条件反射，可以使转体动作达到自动控制的程度，这对提高成绩有重要作用。

射箭的赛事组织

国际射箭联合会

国际射箭联合会，简称国际箭联（ITA），根据波兰的倡议成立于1931年，当时只有 5 个协会会员，现有协会会员 128 个，分属国际箭联承认的非洲、美洲、亚洲、欧洲和大洋洲的地区箭联。国际箭联是国际单项体育联合会总会成员。

1900 年、1904 年、1908 年和 1920 年的奥运会都设有射箭比赛，1972 年射箭重新进入奥运会，此后一直是奥运会正式比赛项目。

国际箭联的正式用语为英语和法语。国际箭联的任务是以符合奥林匹克原则的精神促进射箭运动在世界的发展，制定并解释该组织的章程与规定，组织世界锦标赛，确认并保存世界纪录和奥运会纪录。

代表大会是国际箭联的最高权力机构，每两年召开一次。每个协会会员可派 2 人与会，但只有 1 票表决权。代表大会闭会期间，由理事会负责国际箭联的工作，理事会由国际箭联主席、第一副主席和其他 3 名副主席、秘书长、司库和 7 名理事组成。

执委会负责执行大会和理事会的决定，处理日常事务，由国际箭联主席、秘书长和司库组成，执委会可雇用执行主任协助工作。

国际箭联设有技术委员会、箭靶射箭委员会、滑雪射箭委员会、医务委员会、发展与技术援助委员会、章程与规则委员会、野外射箭委员会、裁判委员会、运动员委员会和教练委员会等专门委员会，还设有仲裁委员会。

比赛赛制

奥运会射箭比赛采用单淘汰赛赛制,比赛时间为 6 天。

个人赛

个人赛分为排名赛、淘汰赛和决赛 3 个阶段,射程均为 70 米。首先进行排名赛,男、女各 64 名运动员,每人射 6 组箭,每组 6 支,共36 支箭;休息 10～15 分钟之后,按照上述程序再射一遍,共 72 支箭。并以这 72 支箭的累积环数排出男、女第 1～64 名选手的名次,按照射箭规则淘汰赛配对表进行配对,如:第 1 名对第 64 名,第 2 名对第 63名,依此类推,进行淘汰赛。淘汰赛每名运动员射 12 支箭,分 4 组进行,每组 3 支箭,每箭 30 秒,采用一对一交替发射的方式,胜者进入下一阶段比赛,最后决出 8 名运动员进入决赛;决赛时运动员的发射方法、箭数和淘汰赛相同,最后决出冠、亚军。

团体赛

团体赛分为淘汰赛和决赛两个阶段。每队 3 名运动员,射程均为70 米。根据个人排名赛中每队 3 名运动员的成绩之和排出男、女团体第 1～16 名的队进入团体淘汰赛。每队共射 24 支箭,分 4 组。每组 6支箭,每人射 2 支,限时 2 分钟。先发射的队射 3 支箭(每名运动员轮流各射 1 支箭)后,计时钟暂停并保留剩余时间,同时,另一个队的计时钟启动,按同样方法射 3 支箭。然后,先发射的队在剩余的时间里再完成3 支箭,接着,后发射的队按同样方法完成这组箭的发射。获胜队进入下一阶段比赛。决赛发射方法、箭数和淘汰赛相同,最后决出冠、亚军。

成绩统计办公室

组委会必须设立成绩统计办公室,比赛前负责选择、检查靶纸、编印密码;比赛时统计成绩;比赛后记录和公布成绩表。成统室应设有成统裁判长和副裁判长，领导成统室的工作。成绩统计仲裁委员会，有成统室监督成统工作，决定疑难弹着的环数，成统仲裁委员会主席应在正式成绩表中签字，以示它的正确性。在国际射联锦标赛中，所有300米、50米和10米的步枪项目的靶纸必须在成统办公室统计。以上比赛项目和阶段在靶场记录的成绩都是"现场成绩"。上述所提到的所有靶纸要锁在箱内，指定合适的人从靶场送到成统室。在成统室评定成绩的靶纸必须编码，每个项目比赛前，裁判员必须重新检查，保证不错，然后交给场地裁判长和裁判员。射击地线裁判长和成统裁判长的责任是尽快地送靶和评定成绩，在比赛结束后，尽快公布比赛成绩。成统室工作的最后一道程序必须有一名裁判员复查。每个裁判员必须在靶纸、成绩公布表和名次公布表上签名，以示对工作负责。在成绩公布之前，仲裁委员会必须对个人前10名和队赛前3名的成绩进行检查。环数评定则是所有命中记分环的弹孔都计算，如果环线的任何部分被弹着或弹孔测量器的凸缘触及，这发弹着按着高环计算。使用相应尺寸的弹孔测量器。成绩记录时，检查员应将射手姓名、号码、国籍、组次、射击位置、试射、记分射以及有故障、实补给时间、警告、处分和犯规等详细登记在卡片上；由成统办公室将成绩公布在公布栏上，为便于观众观看，检查员应将比赛成绩公布在其桌旁的小公布板上。

PART 9 礼仪规范

观赛礼仪

观众的观赛行为像一把双刃剑，只有正确地使用它才能让观众成为整个精彩比赛中不可或缺的组成部分。不文明的观赛行为，不合时宜的鼓掌加油都可能影响比赛运动员技术的稳定发挥。因此，观众在观看比赛时应做文明观众，严格遵守以下要求：

（1）到指定的观众席位就座。由于射箭比赛存在着一定的危险性，所以一定要按照赛场的要求到指定的地点就座，不要到禁区，以免发生危险。

（2）严禁在比赛场地内大声喧哗、打闹、争斗和吸烟。手机要关机或设置在振动、静音状态。在运动员发箭时一定要保持赛场安静，以免影响运动员的注意力。

（3）不要吝啬鼓掌。在运动员射出一支精准的好箭后，观众应报以热烈的掌声；即使射出的不是好箭，也应鼓掌予以鼓励，而不要嘘声四起，鼓倒掌。

（4）对运动员的支持要适时。应该知道在适当的时候对运动员予以支持，爆发掌声，当运动员正在瞄准，将要发射时，千万不要突然爆发声响，这是观赏射箭比赛时特别要注意的。

（5）爱护公共设施，保持场内清洁。不要随地乱扔纸屑、果皮和空瓶罐等。

在很多国内的射击、射箭比赛中，有很多观众并不知道这些要求，在比赛中手机铃声经常飘荡在射击比赛场馆中，还有些观众在没有关闭闪光灯的情况下留影作纪念，这些行为显得很不礼貌。

所以如果您要去看射击比赛，要绝对保证安静，不要也无需大声为运动员加油，而且尽量不要带年龄太小的孩子去赛场，否则会因为场外观众因素的影响导致运动员发挥失常。

赛前心理指导

重大比赛前，要紧紧掌握运动员，特别是重点运动员的思想状况及在整个比赛中的思想变化；赛前应理顺各种关系，创造一个宽松、和谐的思想环境。

重大比赛前，在精神上要压倒对手，树立敢打必胜的信念；对比赛不抱侥幸心理和不切实际的幻想，不背思想包袱，保持良好心态，振奋精神去夺取胜利。

心理准备要落实到身体、技术和战术训练中去，要与思想准备紧密结合。

良好的心理素质水平是一种技能，是长期训练的结果。赛前心理准备对取得比赛的胜利有着十分重要的意义，一方面需要通过扎实系统的训练，将技术调整到最佳状态，以增强运动员的比赛信心；另一方面采取模拟比赛等多种训练形式，提高运动员的适应能力和应变能力。通过分析比赛的具体情况，让运动员心中有数，在各种困难和复杂的情况下，保持沉着和冷静，排除各种干扰，集中注意力，保持良好心态，团结战斗到射完最后一支箭。

具体应注意：

（1）指标要切合实际，切忌"层层加码"。

（2）思想上不能顾虑重重。

（3）赛前要充分估计比赛中可能出现的各种情况，针对不同情况制定相应的对策。

在 2004 年雅典奥运会男子步枪 3×40 决赛中，美国选手埃蒙斯在最后一枪意外脱靶而丧失夺冠希望。赛后埃蒙斯非常难过，他的教练约翰逊表示，"在国际大赛中这种情况非常少见，可能是精神不集中"。我们不必去追究造成埃蒙斯失常发挥的缘由，但却需要肯定的是，射击运动员在每发一枪前注意力需要高度集中，赛场的观众也要最大限度地保持安静。

射击运动员在平时的训练和正式比赛中，心理和身体的感受都会有很大的不同。在正式比赛当中，运动员需要在动作感觉上有"自由自在"之心；在瞄准精度上要有"勿究细致"之心；在击发信心上要有"平心静气"之心。在慢射还是速射或是飞碟射击比赛中，大多数比赛都是要在规定的时间内完成的，因此运动员在放松心态的同时还要保持精力的高度集中和适度的兴奋。

PART 10 明星花絮

射击明星花絮

世界快枪手的偶像——舒曼

舒曼，德国人，1962 年生于德国的曼森，15 岁时在学校参加射击活动，1978 年当他刚满 16 岁时就参加了民主德国的射击锦标赛，在青少年手枪速射 8 秒 20 发加 6 秒 20 发项目中，第一次获得全国冠军，并创造了该项目的全国纪录，初次显露出他的射击天赋。1981 年获得气手枪项目成年组全国冠军，1982 年获得手枪速射项目全国冠军。1987 年他开始涉足世界射击舞台，在 3 月份举行的世界杯赛中，以 693 环的优异成绩第一次登上世界冠军宝座。接着在慕尼黑世界杯和汉城世界杯赛中，又连续获得两个冠军。1988 年他第一次参加奥运会，捷足登上第二名的领奖台，但他对自己的成绩很不满意。在以后的 1992 年和 1996 年两届奥运会上他连续获得两届奥运会冠军。

人们称他是 20 世纪手枪速射"机器人"。他技术精湛，意志坚强，成绩稳定，成为世界快枪手的偶像。从 1987 年之后的十多年，他几乎垄断了世界大赛手枪速射项目的金牌。自 1989 年开始，他既是手枪速射项目资格赛世界纪录保持者，又是该项决赛世界纪录的保持者。进入

90 年代，他在世界大赛中越发才华横溢，充分显示出他高超的技艺和极好的临场发挥能力。1990 年在第 45 届世界锦标赛上以 885 环的优异成绩夺得金牌。1992 年举行的世界杯总决赛中又以 883 环获得冠军。从 1989 年起他连续 4 年被国际射联评为年度最佳世界男射手。尔后，在 1993 年、1995 年、1997 年世界杯总决赛中包揽了该项冠军，并多次打破他自己创造的世界纪录。1998 年在巴塞罗那举行的第 47 届世界射击锦标赛上，他长盛不衰，稳坐冠军宝座。1999 年和 2000 年的世界大赛上，他依然稳坐在冠军的宝座上。遗憾的是在 2000 年悉尼奥运会上，他失误了，只获得该项比赛的第五名。

舒曼获得如此辉煌的成就，他经历了非凡的运动生涯，在训练和比赛中，也有其独到之处。

赛前训练

基本训练：他的站位在 2～3 靶之间，两脚宽度与双肩同宽，右脚比左脚向前约 50 毫米，上体自然，几乎没有侧度，指向在第 4 靶的位置。

实弹准备：当裁判员下达装弹口令后，先徒手预习 1 次，然后握枪，微调站位姿势，然后装弹。当口令下达之前，开始据枪，从上而下到 1 靶位置，然后很快做横向动作，接着回到 1 靶位置，再成预备姿势，这时也正好口令下达到 "1" 的时候。

实弹过程：运臂上靶衔接恰到好处，先快后慢，到位就响配合主动，没有停留的迹象。转 2 靶也非常自如，直到后 3 靶射击完毕，给人的直观印象是动作规范、整体性强，人枪结合一致性好，在实弹过程中，力量 "实"，动作 "稳"。

实弹时间：8 秒射击 1 靶为 2.6 秒，总时间为 7.2 秒。6 秒射击 1 靶为 2.1 秒，总时间为 5.7 秒。4 秒射击 1 靶为 1.62 秒，总时间为 3.85 秒。

比赛过程

上场前：在预习场地空枪预习。

上场后：将电子报靶显示屏的亮度调得较暗，打开枪箱，拿出枪支和有关用品，站在射击位置上对靶徒手练习2～3次。

据枪练习：裁判员下达准备3分钟口令时，戴好眼罩，开始据枪练习，练习时对准6个靶（第5靶后延续）反复进行，约练习2分钟后，稍作休息，再做徒手预习，然后等待比赛开始。

比赛：当裁判员下达装弹口令后，装好子弹并在弹匣里和第一发子弹点上擦枪油，一组射完之后，利用报靶的间隙，徒手预习2～3次。

比赛时间：8秒射击1靶时间在2.16～2.38秒之间，总时间在6.44～6.84秒之间。6秒射击1靶时间在2.06～2.1秒之间，总时间在5.2～5.7秒之间。4秒射击1靶时间在1.45～1.55秒之间，总时间在3.76～3.82秒之间。从时间上分析，比赛时比训练时的时间和节奏更快。

美国步枪射击三巨头——安德森、赖特、威格尔

安德森，生于1936年，是一名用左手射击的运动员，是美国男子步枪项目20世纪60年代称霸世界的三巨头之一。1964年第18届奥运会上，他以1153环的优异成绩获得男子大口径步枪3×40项目的金牌，1968年在第19届奥运会上，他又以1157环蝉联该项冠军，成为美国射击项目蝉联奥运会冠军的第一人。他与他的队友们，在世界射击锦标赛上风靡射坛。1962年、1966年两届世锦赛，他一人共获得10块金牌和5个第2名，是世界射坛公认的明星。

赖特，美国男子步枪运动员，以小口径步枪射击为主项，1968年第19届奥运会上，他以1156环的成绩获小口径步枪3×40项目银牌，1972年第20届奥运会上，以1166环获小口径步枪3×40项目第1名。

他是步枪项目运动寿命最长的队员，从20世纪50年代到70年代，二十多年长盛不衰，1958年第37届世锦赛上，在大口径步枪40发跪射中，他以385环获得冠军。1962年第38届世锦赛上，他以389环获得大口径步枪40发卧射冠军，又以537环获军用步枪3×20第2名。1970年第40届世锦赛，他以579环获小口径标准步枪3×20冠军。1974年第41届世锦赛，他以1163环获得小口径步枪3×40项目金牌。他于1970年以579环创造了男子小口径标准步枪3×20项目世界纪录，1972年以1166环创造了小口径步枪3×40项目世界纪录。

威格尔，美国男子步枪项目优秀运动员，美军少校军官。是20世纪60年代、70年代国际射击大赛中最有影响的人物之一，大口径步枪、小口径步枪均是他的强项。1964年第18届奥运会上，他获得小口径步枪3×40项目冠军（成绩1164环），同时还获得小口径步枪60发卧射第2名（成绩597环），1972年第20届奥运会上获得大口径步枪3×40项目金牌（成绩1155环）。1974年第41届世锦赛上，获得小口径步枪3×40项目第2名，40发立射冠军（成绩383环）。1978年第42届世锦赛上，获得大口径步枪3×40项目冠军（成绩1160环），同时获40发卧射第2名、40发立射第3名。1982年第43届世锦赛上获大口径标准步枪3~20项目第2名。从20世纪60年代初到70年代末，威格尔在射击战线上奋斗20多年，在国际射坛留下了盛名。

奥运史上最老的夺冠者——斯旺·奥斯卡尔

20世纪初，在瑞典的斯堪的那维亚山脚下，居住着一家猎户，户主叫斯旺·奥斯卡尔，生于1847年，凭借箭无虚发的本领在家乡享有盛誉。32岁他才得子取名斯旺·阿尔弗莱德，被奥斯卡尔视为心肝宝贝，但他有自己的教子方法，让他从小进山狩猎。在与野兽的搏斗中，阿尔弗莱德也练就了一手百步穿杨之功，射程之内的野兽只要被发现，几秒钟之内就会成为父子俩的猎物。

1907 年冬的一天，一位陌生人叩开了斯旺大叔的家门，他望着墙上的各种兽皮，开门见山地说："斯旺先生，我是瑞典奥委会的官员，要请您和儿子去参加奥运会。"奥斯卡尔笑道："我乃山野村夫，又已六旬开外，能干些什么？"陌生人笑了，原来奥运会上有一古老的比赛项目——跑鹿射击，其目标在百米之外移动，稍纵即逝，因此，运动员要有准确的枪法，敏捷的反应，又能精确地计算出提前量才能击中目标，瑞典射击队虽然参加了历届比赛，却从未拿过一块金牌，正当国家奥委会伤透脑筋、束手无策的时候，有人推荐了斯旺父子。

邀请再三，盛情难却，斯旺大叔终于同意出山，带着 29 岁的儿子来到斯德哥尔摩。经过短暂的训练后，随队到了伦敦。

1908 年 8 月跑鹿射击团体赛在伦敦射击场拉开了战幕。因为人们早就听说瑞典队将有一个六旬老人带着儿子来参赛，看台上座无虚席。当银须飘洒的斯旺大叔一进赛场，人们就欢呼起来。那天，细雨潇潇，多年的猎手生涯练就了奥斯卡尔一双鹰一样的眼睛和虎一样的忍耐性。老人聚精会神地瞄准目标，果断地击发，随着清脆的枪声，目标一个个地倒下。29 岁的阿尔弗莱德也在击发。父子俩准确的枪法吸引了观众，人们大声为他们喝彩，瑞典队的成绩渐渐领先，终于甩开其他队。比赛还没有结束，人们知道瑞典队已成为事实上的冠军队。

在接下来的个人比赛中，斯旺大叔又获得了个人金牌。在奥运史上人们第一次见到父子并肩比赛，并共同夺得金牌的奇迹。

随着雄壮的乐曲，国际奥委会主席顾拜旦和英国女王一起把奖牌挂在父子俩的脖子上，顾拜旦握着老人的手说："我今年 45 岁，也要称你斯旺大叔。您是奥运史上年龄最大的冠军，看来您参加比赛太晚了，不然您一定会连获几块金牌。"

"四年之后再见！"斯旺大叔说。果然，在接下来的 1912 年第 5 届奥运会上，斯旺大叔和儿子又获得了跑鹿射击的个人和团体金牌。

老人最后一次参赛是在 1920 年安特卫普奥运会上，那时他已 73 岁了。当他神采奕奕地出现在射击场上时，人们齐声欢呼，向这位壮心不已的老人致意。经过几个小时的激烈争夺，老人与队友夺得团体银牌。全世界的各大报纸纷纷载文称赞："斯旺父子创造了奥运史上的奇迹！""古稀之年的老人勇夺奖牌，成为奥运史上最老的奖牌获得者，将留下千古佳话。"

1927 年 5 月 1 日这位射击场上的老寿星溘然去世，终年 80 岁。人们为他举行了隆重的葬礼。不幸的是，仅仅过了四年，52 岁的阿尔弗莱德也壮年早逝。然而，他们的业绩将永远留在瑞典和世界人民的心中。

射击史上最令人赞叹的射手——塔卡克斯

卡罗林·塔卡克斯，1910 年生于匈牙利首都布达佩斯。二战之前，塔卡克斯是一位优秀的手枪射击运动员，当时，他以右手持枪，多次获得全国冠军的头衔，在世界体坛颇有名气。然而，1936 年不幸降临，

塔卡克斯在服兵役时，一颗手榴弹突然在他的右手中爆炸，从此他失去了他的持枪手。意外遭到手榴弹袭击，面对射击事业的致命打击，塔卡克斯当时痛不欲生，但随后在亲朋好友的关怀下，他坚强地挺了过来。一个月的治疗之后，塔卡克斯开始悄悄地练习用左手射击。一年后，他取得了匈牙利射击比赛的全国冠军。

塔卡克斯是 1938 年匈牙利手枪射击队的国家队队员。1939 年，他以国家手枪射击队队员身份参加世界锦标赛，为匈牙利赢得了自动手枪比

卡罗林·塔卡克斯

赛的世界冠军。

在事故发生之前，塔卡克斯一直怀有夺取奥运射击桂冠的梦想。但由于战争的原因，1940 年和 1944 年的奥运赛事被迫取消。直到 1948 年第 14 届伦敦奥运会，38 岁的塔卡克斯得以向梦想发起冲击，终于站上了奥运赛场。男子 25 米手枪速射项目的射击场上，这位匈牙利运动员相貌硬朗、神情冷峻，他那被截除的右臂吸引了广大观众好奇的目光。

比赛前，来自阿根廷的世界冠军及世界纪录保持者赛恩斯·瓦勒恩特略带嘲讽地问他："你为什么会出现在伦敦？"塔卡克斯回答说："我是来学习的。"

当时，瓦勒恩特完成第二轮射击后的总成绩是 571 环，被人们视为即将诞生的世界冠军。轮到塔卡克斯射击了，他气定神闲地站在 5 个人像靶前的 25 米处，当目标开始转动，他用左手迅速而又平稳地举起枪，在规定的时间内，十分熟练地打完了第二轮的 30 发子弹，取得 294 环的好成绩，最终以两轮 580 环的总成绩击败瓦勒恩特夺下金牌，并且以 10 环之优势打破了当时的世界纪录。

颁奖典礼上，屈居亚军的瓦勒恩特转身对塔卡克斯微笑："你学习的成绩不错啊！"

四年后，第 15 届奥运会在芬兰首都赫尔辛基举行，塔卡克斯再次参与手枪速射的激烈角逐。塔卡克斯成功地卫冕了他的奥运会冠军，并且成为第一位蝉联速射手枪冠军的运动员。第二名则是塔卡克斯的学生，年仅 18 岁的匈牙利选手赞拉德·库恩。

塔卡克斯曾经参加的奥运会有：1948 年的伦敦奥运会，1952 年的赫尔辛基奥运会，1956 年的斯德哥尔摩奥运会，共获得 2 枚金牌、2 枚银牌。参加的其他重要比赛有：1939 年的世界锦标赛，获得 1 枚金牌。

1956 年，46 岁的塔卡克斯参加了澳大利亚墨尔本夏季奥运会，这是他人生道路上的最后一场奥运比赛，可惜未能进入前三名。之后，这名坚毅的匈牙利独臂枪手带着他谜一样的生活淡出了人们的视线。人们赞誉他，歌颂他，他那顽强与厄运抗争的精神，在奥运史上竖立起一座刻苦训练、战胜自我、勇于拼搏精神的丰碑，给匈牙利人民立下了不朽的功勋，给世人留下了不可磨灭的印象。

遭遇"克拉克现象"的世界冠军——莱切娃

莱切娃是保加利亚的女子步枪运动员，1965 年出生在射击世家，启蒙教练员就是她的父亲。莱切娃身体健壮，身材适于立姿射击，家庭给予她攀登世界高峰创造了良好的条件。加上她自身的射击天赋和艰苦努力，使她少年得志。1986 年在第 44 届世界射击锦标赛上，以 683.2 环的优异成绩登上女子步枪 3×20 项目的冠军宝座。同年创造了另一个项目——女子气步枪射击 395 环的世界纪录。从此，开始了她世界冠军的生涯。

在长达 15 年的世界射击史册中，记载了她 15 年女子步枪项目的世界纪录。此间，她不断打破自己创造的世界纪录。1987 年在汉城举行的世界杯赛中她以 687.2 环获步枪 3×20 项目冠军，同时以 496.7 环获得气步枪冠军。1987 年在苏尔举行的世界杯赛中，她以 399 环打破了自己创造的世界纪录，遗憾的是 1988 年在第 24 届奥运会上，她只获得标准步枪 3×20 项目的第 2 名。

第二年即 1989 年在慕尼黑举行的世界杯赛中，她又包揽了气步枪和步枪 3×20 两个项目的冠军。1990 年举行的第 45 届世锦赛上，她获得了步枪 3×20 项目的金牌。同年，在慕尼黑世界杯赛中，她以 684.4 环的成绩创造了步枪 3×20 项目的新世界纪录。然而 1992 年第 25 届奥运会上她又失败了，仅以 495.3 环获得气步枪项目第 2 名。

1996 年她仍是步枪 3×20 和气步枪两项世界纪录保持者。出人意料的是在第 26 届奥运会上，她未能进入前 8 名。有趣的是几个月后她在 1997 年汉城世界杯赛中又获得气步枪冠军。

2000 年莱切娃仍然保持着两个女子步枪项目的世界纪录。人们堪称她为 80 年代女子步枪项目杰出人才，遗憾的是这位名震射坛的世界冠军、世界纪录保持者，在悉尼第 27 届奥运会上依然与冠军无缘，在步枪 3×20 项目中获得第 11 名，气步枪项目中获得第 12 名。

她曾参加过四次奥运会，每次总是与冠军擦肩而过。这不免使人联想起"克拉克现象"。在 20 世纪 60 年代，澳大利亚优秀长跑运动员克拉克，屡屡打破 5000 米和万米世界纪录，在他运动生涯鼎盛时期，参加过三届奥运会，却只获得一枚铜牌。他总是输给成绩不如自己的运动员，后来这种临场发挥失常的现象，被人们称为"克拉克现象"。不幸的是莱切娃这位在世界射击大赛中获得奖牌最多、连续保持世界纪录时间最长的女运动员，竟成为这种"克拉克现象"的体验者。这成为这位名震射坛的运动健将久久挥之不去的终生遗憾！

世界射击界的"天才眷侣"埃蒙斯夫妇

马修·埃蒙斯，1981 年生于美国新泽西州芒特霍利，世界射击名将。他生于猎人之家，他并没有把射击当成是一项体育运动，直到他 14 岁时遇到了 FBI 火器教员，教员告诉他大学有为射击顶级运动员而设立的奖学金。于是他开始进行专业的射击训练，成绩突飞猛进，一举

马修·埃蒙斯

创下了 50 米运动步枪三种姿势少年世界纪录，2001 年在世界杯美国站上他又一人包揽男子步枪三个项目的金牌，随后在 2002 年世锦赛上获得卧射冠军，并在 2002 年国际射击运动联合会世界杯决赛和 2004 年国际射击运动联合会世界杯决赛中获胜。他是 2004 年雅典奥运会 50 米步

枪卧射金牌、2008 年北京奥运会 50 米步枪卧射银牌得主。2007 年他获得全美年度最佳男射击运动员。

卡特琳娜·埃蒙斯，1983 年出生于捷克皮尔森，开始她一直练习游泳，直到一次生病阻止她继续游泳。她的父亲也是一名射击手，在父亲的建议下改学射击。1997 年开始射击训练，2002 年世锦赛上获得女子气步枪冠军一举成名，当时年仅 18 岁，被誉为"天才少女"。在 2004 年雅典奥运会射击比赛中，她以 501.1 环的总成绩夺得 10 米气步枪的铜牌。在 2008 年北京奥运会她以总成绩 503.5 环夺得了 10 米气步枪金牌，这也是北京奥运会的首金，并且在随后进行的标准步枪 3×20 比赛中夺得银牌。

马修·埃蒙斯和卡特琳娜·埃蒙斯的跨国情缘，是世界射击史上一段佳话，他们的爱情故事是从雅典奥运会上马修·埃蒙斯的意外失利开始的。

雅典奥运会第一天比赛，夺冠热门之一的卡特琳娜获得气步枪铜牌。马修·埃蒙斯赢了步枪卧射比赛金牌，但之后他在最后一发打错了靶子，丢了步枪三姿金牌。无比沮丧的他独自喝着啤酒，就在此时，美丽的捷克女枪手兼精神分析师卡特琳娜·库尔科娃怀着同情来到了马修的身边。"我当时只是与朋友坐在一边喝闷酒，她就径直向我走来，轻拍我的肩膀后说道：'嗨，我可以跟你说说话吗'马修回忆说，"我抬头看着她，心想：上帝啊，这么美丽的姑娘在跟我说话吗？那时候的感觉简直是太梦幻了。"2007 年 6 月 30 日，在姑娘的家乡，以皮尔森啤酒闻名遐迩的捷克城市皮尔森，26 岁的马修和不到 24 岁的卡特琳娜结婚了。

2007 年曼谷世界杯总决赛，两人戴着结婚戒指一同出现在赛场；结果，马修·埃蒙斯获得三姿金牌和卧射银牌，而第一次以埃蒙斯为姓氏参赛的卡特琳娜获得气步枪铜牌，小夫妻俩攒齐了金银铜牌。2008 北京奥运会上，卡特琳娜打完最后一枪，平静地看了一眼成绩单时，她的丈夫马修已经在教练席上高举单臂，欢呼喝彩。而在 8 月 17 日，男子 50 米步枪 3×40 的决赛上，埃蒙斯在倒数第二轮领先将近 4 环，金牌几乎唾手可得的情况下，重演了雅典的严重失误，最后一轮仅打出了 4.4 环。卡特琳娜·埃蒙斯简直无法相信这是真的。与自己朝夕相处的丈夫竟然 4 年中又一次在最后一枪出错。拿下本届奥运会首金的卡特琳娜，用自己温暖的怀抱安慰着埃蒙斯，两人默默无语，却是无

埃蒙斯夫妇

比的感人。正如埃蒙斯自己所说："有卡特琳娜在我身边是最重要的事。无论我赢或输，她将永远陪在我身边。""我得谢谢那一枪脱靶，不然我可能没机会认识她。""一块奥运金牌和卡特琳娜相比，完全不值一提。"

亚洲步枪射击霸主——李垠澈

李垠澈，韩国男子步枪运动员。1966 年出生，1992 年在巴塞罗那奥运会上，以 702.5 环获得男子步枪 60 发卧射冠军，他的 10 发决赛成绩是 105.5 环（满环是 109 环），创造了世界射坛空前的高水平。是亚洲继李浩准之后第二个奥运会卧射冠军。该队员心理素质好，在亚洲和世界大赛中，临场发挥均很突出，表现出沉着、顽强的战斗风格。

李垠澈从小热爱射击，1976 年当他读小学的时候就参加了射击活动，在学校附近的室内射击馆里训练。1978 年 5 月，在韩国全国少年射击大赛上，他第一次以少年的身份夺得全国桂冠。后来，随父亲赴美国，在得克萨斯州的路易安那大学专攻电子计算机专业。他接受美国著

名步枪教练员诺伯特·巴沙姆的指导。1985 年 4 月在墨西哥国际射击比赛中，他参加三个步枪项目的比赛，获得一枚金牌、两枚银牌。从此他对射击更加着迷，1986 年，他专程回国参加在汉城举行的第 10 届亚运会，他在气步枪项目比赛中以 680.5 环获第 2 名。为了参加 1988 年在他的祖国汉城举办的第 24 届奥运会，他于 1987 年 5 月毅然地向学校提出休学，准备回国参加训练，他下定决心要在 1988 年奥运会上夺冠。他埋头苦练在射击场上，1987 年 8 月在北京举行的第 6 届亚洲锦标赛上，他以 688.4 环获得气步枪项目冠军，又以 1259.3 环获得小口径步枪 3×40 项目的金牌，在亚洲射击界产生轰动的影响。

1988 年韩国全国上下，对李垠澈获取奥运会冠军呼声很高，寄托殷切希望，令人遗憾的是他在汉城奥运会上成绩不够理想，仅以 1161 环的成绩获得步枪 3×40 项目第 29 名，气步枪项目第 13 名，但他并不灰心、不气馁、不退却，继续为实现自己的意愿卧薪尝胆，苦苦追求。1990 年 8 月在莫斯科举行第 45 届世界射击锦标赛，在这世界最高水平的赛场上，他以 1267.8 环的高水平，获得步枪 3×40 项目总成绩冠军，同时以 387 环的成绩获得立射 40 发冠军。一个月后，他又在北京举行的第 11 届亚运会上以 1253.7 环获得步枪 3×40 项目冠军。

1993 年 6 月在米兰举行的世界杯赛上，以 1264.0 环的高水平获得步枪 3×40 项目金牌，又在步枪 60 发卧射中夺得银牌。1994 年 10 月在广岛举行的第 12 届亚运会上，他以 1253.2 环卫冕步枪 3×40 项目冠军，成为 90 年代亚洲男子步枪 3×40 项目的霸主。

中国奥运金牌“0”的突破者——许海峰

许海峰，男子手枪慢射运动员，现任中国射击队总教练。安徽省和县人，1957 年生于福建省漳州市一个军人家庭。1972 年全家迁居至安徽，1979 年上中学时参加了射击训练班，进行小口径步枪训练。两个月后，参加了安徽省第 4 届运动会，在小口径步枪 3×20 项目比赛中取得了冠军，并超过了该项目省纪录 11 环。1982 年参加第 5 届省运会，教练员让他改练气手枪，成绩很突出。同年 12 月，被调到安徽省射击队集训。1983 年调到国家队集训。1984 年他在洛杉矶奥运会上，以 566 环的优异成绩获得男子自选手枪慢射 60 发项目冠军。这是中华民族在奥运会上的第一个冠军，实现了中国在奥运史上金牌 "0" 的突破。这是激荡全世界炎黄子孙心灵的时刻，这一时刻，将永远铭刻在中华民族历史的史册上。

1984 年 7 月 29 日，洛杉矶普拉多奥林匹克射击场名将济济，强手相逢。中国选手许海峰身穿红色运动衣，胸前印着 "中国" 两个大字。这是他第一次参加世界大赛。裁判员已宣布比赛开始，他却不急于发射，反复举枪瞄准，心中默默想着动作要领，直到感觉良好才开始试射。许海峰的教练员对许

许海峰领奖

海峰有过这样的评价：性格内向，少言语，不善交际，但训练刻苦，善于钻研。在奥运会前训练中，给他制定的训练任务是：全面提高技术水平和心理自控能力。给他标出的座右铭是：动作是环数的保证，而环数则是动作的必然。有什么样子的动作，就必然会有什么样子的环数。许海峰牢记着教练的赠言，控制住自己的心情，沉住气不急躁，一发一发地奋斗着。最后只剩下三发子弹了，赛场上也只剩下他一人了，比赛时间还有 20 分钟。许海峰决定坐下来休息，把情绪稳定下来。中国队领队、教练和拥挤不动的观众都翘首等待，时间一秒一秒地过去，只见许海峰站起来举起枪射击，又是一个 9 环。人群中一片惋惜声，接着他举起枪，10 环。还有最后一发子弹了。许海峰感觉得到，这时周围的空

气仿佛凝固了,人们屏住气息,他清楚地知道这最后一发子弹的分量。这是何等艰难而又何等关键的一枪啊!这时,他仿佛意识到自己的成绩与世界冠军斯卡纳克尔的成绩相差无几,他不能轻易射出这最后一发子弹。只见他把枪举起,放下;放下,再举起,再放下,四起四落。别犹豫,果断地扣吧!啊,他扣响了最后一枪,10环!不偏不斜正好10环!最后三发,以29环的好成绩结束战斗。许海峰以566环的成绩优胜于世界名将斯卡纳克尔一环获得冠军,带来了中国体育史上一个振奋人心的伟大突破。

奥运火炬手许海峰

许海峰1983年到国家射击集训队后,发展是顺利的,技术水平提高速度是全国少有的。1984~1994年,他参加过三届奥运会获得一枚金牌,一枚铜牌,一个第四名,一个第七名。在亚洲射击比赛中,1986年第7届亚运会上获得4枚金牌(包括团体)并打破一项世界纪录,1987年第6届亚洲射击锦标赛上获得5枚金牌。1990年第11届亚运会上获得4枚金牌。1991年第7届亚洲射击锦标赛上获得5枚金牌。1994年第12届亚运会上获得1枚金牌。1990年在慕尼黑举行的世界杯总决赛中,以665环获得手枪慢射项目冠军。1994年7月在第46届世界锦标赛上,他与队友一起以1732环获得气手枪团体冠军。1984~1994年他先后在世界杯赛中获得13项冠军。许海峰在事业的征程上应该说是顺利的,但很少有人知道他在青年时代生活和处世的艰辛,以及从事射击事业后训练的刻苦和对射击事业的执著追求。

他高中毕业后,部队来人到县里征兵,他报了名,因为年龄不满18岁,未成。他上山下乡干农活,一干就是4年半。打农药因被稻叶把腿划破，农药中毒了，伤口溃烂，高烧不退，差点没了性命。1976年第三次报名入伍，因年龄超过4个月又被淘汰，1979年秋天，在政策允许的情况下他当上了县供销社的营业员，供销社主任看他是个踏实可靠的小伙子，人又能干，就把卖化肥的差事给了他，每月工资29元5角。说来也算缘分吧，1982年他第二次参加安徽省运动会，在气手枪比赛中为巢湖地区获得一枚金牌，还打破了省纪录。1983年第5届全运会上他获得手枪慢射和气手枪两枚银牌。

1995年，许海峰出任国家射击队女子手枪项目主教练，1999年任国家队副总教练，2001年出任国家队总教练。他为我国射击事业的发展作出了卓越贡献，国家和人民给予他很高的赞誉，1984年迄今他先后获得8枚"体育运动荣誉奖章"，同时在国际上享有盛誉。

《许海峰的枪》剧照

中国首位女子射击奥运冠军——吴小旋

吴小旋，1957年生于浙江杭州。在1984年第23届奥运会上，以581环的成绩获得女子标准步枪3×20项目冠军。还在女子气步枪项目中以389环获该项目第3名。这是我国女子射击项目第一个奥运会冠军。

1973年吴小旋在中学读书的时候参加了射击活动，在杭州市射击俱乐部参加步枪训练。她刻苦训练，成绩进步很快，1974年4月进入浙江省射击队集训。1979年9月在北京举行的第4届全运会上，以389环的成绩获得女子气步枪项目的冠军，并打破了该项的全国纪录。全运会后，1980年被调入国家队集训。

吴小旋

她除热衷射击运动外，还十分喜欢打乒乓球，爱看一些武打片电影。她意志坚强，知难而进，从 1979～1984 年她在女子标准步枪 3×20 项目中共 6 次打破全国纪录。在 1984 年获得奥运会冠军之前，已是世界射击界的明星。1980 年她在第 4 届亚洲射击锦标赛上，参加男子气步枪 40 发项目（当时规则规定女子可以代替男子参加比赛），以 385 环的优异成绩获得冠军。同年参加全国比赛时，获运动健将称号。1982 年她在第 9 届亚运会上又代替男子参赛，以 584 环的成绩获得男子气步枪 60 发项目冠军。1983 年她第一次参加世界气枪锦标赛，以 392 环个人较好水平获得女子气步枪项目第 2 名。

1984 年奥运会后，她获得国家体委颁发的"体育运动荣誉奖章"，并被评为 1984 年度全国"十佳运动员"。1985 年正当她意气风发积极准备投入训练时，不料，患了心肌炎，不得不停止了训练。

特别值得提起的是吴小旋刻苦训练、艰苦比赛，坚毅不拔的拼搏精神，在第 23 届奥运会上，她患较重的腰肌损伤，在艰苦的比赛中一发一发地、一丝不苟地坚持，直到打完最后一发，争得最后胜利。

"六朝元老" 王义夫

王义夫，男子手枪慢射运动员，1960 年生于辽宁辽阳。1984～2004 年连续参加过六届奥运会，是当今我国男子手枪慢射项目获得奖牌最多的运动员。在他的荣誉簿上，金牌耀眼，银牌灿烂。

1976 年 12 月，王义夫 16 岁上中学的时候，就在辽阳市射击场参加

了业余射击训练，1978 年进入辽
宁省射击队。1979 年调入国家射
击队集训。他在 1978 年全国射
击比赛中首次获得个人冠军。
1979 年 9 月在北京举行的第 4 届
全运会上，他以 564 环的优异成
绩夺得男子手枪慢射项目的金
牌，当年他才 19 岁，引起了射
击界的众多关注。1983 年第 5 届

王义夫

全运会上，他在男子手枪慢射和气手枪两个项目中获得两个冠军。

1984 年他首次参加奥运会，在男子手枪慢射比赛中获得铜牌，
1988 年汉城奥运会，他获得手枪慢射项目第 8 名。从 20 世纪 80 年代初
到 90 年代初，在整整十年里，王义夫一直在苦苦努力却没有从根本上
扭转在世界大赛中成绩起伏不定的局面，然而，他日复一日地坚持着，
苦练不辍。终于在 1991 年世界杯总决赛中获得该项目的世界冠军，实
现他久久期盼的世界冠军之梦。

1992 年，他第三次代表中国去参加在巴塞罗那举行的第 25 届奥运
会，临出发前一个月，在身体训练课上，他的腿被扭伤，后来全身红肿
溃烂，他躺在医院病床上，咬紧牙关，暗暗发誓，只要还有半点可能，
决不放弃参加奥运会的机会。

巴塞罗那奥运会，他终于参加了，在男子手枪慢射资格赛结束时，
他与许海峰以并列第 5 名的身份进入该项目决赛 8 强。经过艰苦拼搏，
从第 5 名决赛到第 2 名，以 657 环与冠军只差 1 环的成绩获得银牌。这
应该说是很大的胜利了，然而，王义夫并不甘心，他的目标不是披银而
是戴金。

7 月 28 日，男子气手枪比赛开始了，王义夫以资格赛第 2 名的身份
进入了决赛，与第一名罗马尼亚著名选手巴比的差距又是 1 环。10 发

王义夫女儿入选国家射击队

决赛，射完 8 发的时候，王义夫已追到与巴比还有 0.4 环之差了。第 9 发子弹装上膛，巴比虽说是世界强手，但难免也有些心情紧张，"叭！"电子屏幕上显示出 9.3 环。这时的王义夫却从容镇定，举枪瞄准，适时击发，9.6 环，可喜的 9.6 环！又追上 0.3 环。与一路领先的巴比只差 0.1 环了！赛场上的气氛紧张到了极点，还剩最后一发时，巴比承受不住这巨大的压力，快速举枪瞄准，"叭！"他的成绩：8.9 环。观众、记者一起为之叹息。与此同时，站在巴比相邻靶位的王义夫却格外沉着，把枪举起来，又将枪放下，他一改昔日"快枪手"的风范，冷静地举枪、瞄准、击发，9.7 环！他胜利了，以 684.8 环的优异成绩登上了奥运会冠军宝座。16 年来，他梦寐以求的奥运会冠军终于实现了。

1996 年，36 岁的王义夫又赴亚特兰大，这是他第四次出征奥运会。长年超负荷的训练，给他身体留下了疾病，正巧在出发前两天，由于训练紧张老毛病又犯了，从北京出发他一直坚持着，到男子气手枪比赛的时候，他每发射一发子弹都必须坐下来休息一会儿，即使在这种情况下，他的资格赛成绩还是名列前茅。他艰难地战斗着，一直坚持到决赛，在决赛到第 9 发子弹时，他还领先第 2 名 3.8 环，这对 10 发决赛来说是相当大的优势，但最后一发子弹，以罕见的低环 6.5 环负于意大利选手迪·唐纳，仅差 0.1 环屈居亚军，命运之神给他开了个残酷的玩笑。2000 年奥运会，是他参加的第五次奥运会，虽然他已步入不惑之年，然而他锲而不舍，在男子气手枪项目比赛中以 686.9 环获得一枚可贵的银牌。

2004 年雅典奥运会，在男子 10 米气手枪决赛中，中国选手王义夫以总成绩 690.0 环获得金牌。决赛中的王义夫虽然位置很好，但是资格赛排名第一的俄罗斯选手内斯特鲁夫、依沙可夫等都随着进入决赛，给王义夫带来了不少压力。比赛开始后，身处第二位的王义夫不急不躁，一步步地向前追赶，第一发刚过，王义夫就以 10.5 : 9.5 追平了总环数，双方又回到同一起跑线上。但是后面几枪王义夫又被内斯特鲁夫反超，五枪过后，与第一名的差距在不知不觉间追到了只差 0.8 环，形势逐渐朝着有利于王义夫的方向发展。打到第七枪时，王义夫反超内斯特鲁夫 0.3 环，局面对王义夫十分有利。整个比赛的转折点在第八枪，王义夫在八枪中打 89.8 环，内斯特鲁夫 89.8 环，双方的差距又被拉大到 1 环。倒数第二枪，王义夫又以 10.3 : 9.3 环再次追平对手。二强相争，鹿死谁手，谁胜谁负，就看最后一枪了。王义夫在亚特兰大奥运会上曾经以巨大优势领先于意大利的多唐纳，就是最后一枪放飞了煮熟的鸭子。这次从后面往前赶，效果是不是不一样？奇迹终于出现了，王义夫最后一枪以 9.9 : 9.7 环险胜内斯特鲁夫，为中国代表团赢得了第二枚金牌。

王义夫从事射击事业 30 多年，在这些年里，他坚韧不拔，顽强拼搏。他享受过站在最高领奖台上的欢欣，也饱尝过痛失金牌的酸楚。据统计，1976～2000 年王义夫参加过 6 届亚洲运动会、6 届亚洲射击锦标赛、5 次世界锦标赛、7 次世界杯决赛、5 次奥运会。共获得世界冠军

王义夫与萨马兰奇

（个人和团体）10 项次，亚洲冠军（个人和团体）25 项次。在世界杯比赛中获得个人和团体金牌 11 枚。1999 年在慕尼黑举行的世界杯决赛

中，他一人囊括了手枪慢射和气手枪两个项目的金牌。1994年在第12届亚洲运动会上，他一人参加手枪慢射、气手枪、标准手枪个人和团体6个项目比赛，获得6枚金牌。创造了他射击生涯中的又一纪录。时下，他仍然在为新的纪录奋斗着。1997年在运动员的岗位上又肩负起国家射击队副领队的重担。2000年奥运会后，他进入清华大学深造。一边学习一边还放不下他手中的老枪。在2001年全运会上，他获得了男子气手枪项目比赛冠军。他为祖国的射击事业献出了宝贵的青春，作出了卓越贡献。

中国射击史上第一位男子步枪奥运冠军——蔡亚林

蔡亚林，男子步枪射击运动员，1977年生于河北承德。蔡亚林看起来像个白面书生，举止文雅，礼貌待人，喜欢滑冰、钓鱼。1991年在承德市二中上初中时参加射击活动，后进入承德市业余体育学校。1994年12月调入河北省射击队。1997年12月进入国家队集训。他在男子步枪三个项目中，以气步枪项目为主项。他在训练中善于动脑，勤于总结，与教练员配合默契，运动水平稳定快速提高。他的教练员对他的评价是：为人正直，懂事、聪明。训练踏实，肯于吃苦，敢于、善于在世界大赛中发挥出好水平。蔡亚林个人最崇尚的警句是：用自己的力量去克服困难。多想技术少想结果。胜固可喜，败亦欣然。他以这种心态，在2000年奥运会上以696.4环获得男子气步枪项目冠军。这项冠军标志着我国男子步枪项目在世界上的重大突破，对我国男子步枪项目的全面发展起到积极推动作用。

蔡亚林

蔡亚林的个人成长和技术水平的进步，应该说都是较快的。1997年他第一次参加的全国比赛是青少年射击比赛，他以582环的成绩获得气步枪项目第1名。1998年4月在全国射击冠军赛上，他以700.3环的成绩打破该项全国纪录，而且超过了700.2环的世界纪录，让一向落后于世界的中国男子步枪射击项目的运动员惊喜不已。

1998年12月在泰国曼谷举行的亚运会上，以696.8环取得了男子气步枪项目冠军，并打破了资格赛成绩和总成绩两项亚洲纪录。然而，在此之后，1999年下半年，他的成绩开始走向低谷，在全国比赛中气步枪项目仅取得588环，未进入决赛。2000年初，在他本人和教练员的共同努力下，很快走出低谷。年初在悉尼举行的奥运会热身赛上他取得592环的成绩。这个成绩虽然不是太好，但重要的是蔡亚林又找到了感觉和自信。2000年6月在慕尼黑举行的世界杯赛上，以697.8环的好成绩获得气步枪项目第3名。这一成绩听来并不惊人，但他却是中国男子气步枪项目在世界杯赛上，第一次获奖牌的运动员。因为男子步枪射击项目历来是欧美运动员的强项。

2000年悉尼奥运会比赛那天，蔡亚林的心态十分稳定。试射时，他共发射22发子弹。60发记分射他一直打得很顺利，前四组都是99环，第五组他打出100环的好成绩，第六组时连续出现两个9环，他放下枪冷静地思考，有序地调整了自

蔡亚林在射击中

己的情绪，回到靶位上，空枪击发一次，最后两发连中两个10环，以594环的成绩排在资格赛的第一位。这是中国男子步枪项目又一次历史性的突破。中午12点，10发决赛开始了，这时蔡亚林只比第2名多1环。站在一号靶位的蔡亚林，第一发记分射成绩10.0环，排在第2名

的白俄罗斯运动员克里曼科第一发成绩 10.4 环，差距减为 0.6 环。第二发蔡亚林 9.8 环，坐在射击地线后面的中国人的心都一下提起来。只见克里曼科第二发打 9.7 环，人们的心又放下来。第三发、第四发蔡亚林均为 10.3 环，克里曼科第三发 10.2 环，第四发 10.3 环，这时的差距变成 0.8 环了。第五发蔡亚林打出了本场最好的成绩 10.8 环，博得观众一片掌声，克里曼科打 10.4 环，差距又加大 0.4 环，给蔡亚林最后胜利打下了良好基础。第六发、第七发蔡亚林的成绩均为 10.5 环。这是关键的两发，克里曼科两发均为 10.2 环。第八发蔡亚林射击 10.1 环，克里曼科射击 9.7 环，这时的差距已增大到 2.2 环。第九发蔡亚林打 10.5 环，这时胜利已成定局，最后以 964.4 环的总成绩取得了中国射击史上第一个男子步枪奥运会冠军。

世锦赛与奥运会双料冠军庞伟

庞伟，1986 年生于河北保定。庞伟小时候爱玩枪是出了名的，家里边像武器库一样堆满了各种"枪支"，电视里那些打打杀杀的枪战片也对他有一定的影响。

2000 年，庞伟 14 岁了。9 月份的一天，一个街坊对庞伟说："你这么爱玩枪，干脆去练习射击得了。"这个提议委实让庞伟兴奋莫名，玩具枪尚如此好玩且威风，如果使真枪岂不更有趣？庞伟的父母也觉得可以试试，于是通过一个叫霍红艳的教练找到了保定市第二重点业余体育学校射击中心的张广伟教练。

张广伟说："既然孩子喜欢，就

庞 伟

让他练练呗。"当然，也只是"练练"而已，当庞伟在射击上花去大量心思后，原本学习成绩很好的他现在是直线下降，这让父母很是不安。与大多数家长观念相仿，庞伟的父亲庞彦宏、母亲蔡东芳还是希望这个听话的孩子走一条稳妥的道路。自小爱枪的庞伟自然是不愿意的，这让一家人都很纠结。

之所以是艰难抉择，是因为在一般人眼中，学业有成才算人生的正途，所有人似乎都不愿放弃进入这条道的任何一点可能。但是，鱼与熊掌不可得兼，在兴趣和学业之间，到底该如何取舍呢？

这时张广伟教练找上门来了，他对庞伟的父母表达了这样一层意思："对别的孩子，不练也就不练了，我不说什么，但是对庞伟，不让他练射击才是误人子弟。"教练撂下的这句话对庞伟父母触动很大，也改变了他们对"误人子弟"的看法。

2000 年 9 月，怀着无限美好的希望，庞彦宏让儿子选择了退学的决定。回想起当年破釜沉舟的勇气，再看到现在爱枪的儿子已经在与枪的耳鬓厮磨之间实现了人生的华丽转身，庞彦宏笑得十分爽朗。同时，包括三位

庞伟赛场英姿

教练在内的很多人，连同庞伟自己都相信他会在射击的道路上走得更远，他曾在一次接受记者采访时表示过，他的偶像是王义夫，他的理想是做这位奥运冠军的接班人，北京才是冠军之路的开始。他们的抉择果然没有错。

2006 年，庞伟在克罗地亚举行的萨格勒布世界锦标赛中与林忠仔和谭宗亮组合，并在男子团赛 10 米气手枪的预赛中压倒俄罗斯，以首名姿态晋身决赛，最终赢得金牌。在之后进行的男子个人 10 米气手枪

决赛以 683.3 环夺得金牌。12 月 2 日，2006 年多哈亚运会，他再次与林忠仔和谭宗亮组合参与男子团体 10 米气手枪小项，在决赛中，他们以 1744 环以 4 环之差胜韩国，赢得中国于该届亚运会的第 6 块金牌，当中，庞伟取得 588 环的成绩。3 日后的男子团体 50 米手枪小项决赛，庞伟与谭宗亮及徐坤以 1682 环赢得金牌，这是庞伟在亚运会比赛中第二次夺金。

庞伟和队友谭宗亮、徐坤

2008 年 8 月 9 日第 29 届北京奥运会男子 10 米气手枪决赛中，庞伟以 688.2 环勇夺金牌，帮助中国射击队赢得了本届奥运会的首枚金牌，同时这也是中国代表团收获的第二枚金牌。

对于庞伟的成功，父亲庞彦宏在电话里对三位教练表达了这样的感激之情："庞伟是个幸运的孩子。早年，他遇到了张广伟这样慧眼识才的伯乐。到了省射击队，张胜阁教练与他是师徒，也是朋友，对他的提高起到了至关重要的作用。一代名将王义夫也是庞伟的贵人。在每一个重要的人生阶段，都有这么好的教练带庞伟。有了这些教练的精心安排，我们做家长的才会放心地把孩子交出去。"

2000 年度世界射击最佳女射手——陶璐娜

陶璐娜，女子手枪项目运动员，1974 年生于上海。在 2000 年悉尼奥运会上，以 488.2 环获得女子气手枪项目冠军，又以 689.8 环获得女子运动手枪项目第 2 名。是本届奥运会中国代表团首枚金牌获得者。奥运会结束后不到一个月，她又参加国际射联举办的世界杯总决赛，在气手枪项目比赛中，以高出奥运会冠军 1.5 环的成绩获得金牌。在 2001

年所举办的三次世界杯赛上，她两次获得运动手枪冠军，一次获得气手枪冠军，两次打破运动手枪项目的世界纪录。充分显示出她扎实的基本功底和稳定的技术实力。

陶璐娜 1989 年在上海市南市区少体校参加射击训练。1992 年 2 月进入上海市射击队。1994 年调入国家队集训半年，回上海市后于 1997 年 2 月再次调入国家队。1997 年 9 月在瑞士举行的世界杯总决赛中以 685.7 环获得运动手枪项目冠军，这是她第一个世界冠军。

陶璐娜

然而世界冠军是来之不易的。1990 年她在初学射击的时候才 15 岁，从家到射击场有 10 公里的路程，她每天骑自行车往返从不间断，经过无数次挫折和失利。她的教练员不无感慨地说："十年，整整十年时间！目睹陶璐娜的成长，太不容易了。从她参加集训开始，半天读书，半天训练。无论是顶着烈日，冒着'三九'寒冬，她从没退缩过。1996 年参加第 26 届奥运会选拔赛，她榜上无名，参加亚运会失利，她毫不动摇，不断探索不断追求，去实现自己的价值。"1998 年 10 月在苏黎世举行的世界杯总决赛中，她以 489.7 环获气手枪项目冠军。同年第 47 届世界射击锦标赛中，与队友一起获得气手枪项目团体金牌。

陶璐娜训练刻苦、认真，虚心听取教练员的指导。特别重视心理素质训练，在她获得奥运会冠军的过程中，始终伴随着心理控制的过程。她在奥运会上的胜利是技术的胜利，更是心理训练的胜利。

在悉尼奥运会 9 月 17 日正式比赛中，她在试射时仅打了两发就受到裁判员的黄牌警告，说她调暗了显示屏。这时，她用正确的思想方法去诱导自己，心情没有受到干扰。记分射一开始接连打好几个 10 环，第一组的最后出现了两个 9 环她就停了下来。重新上场后，她每次举枪都默默地重复着平时记下的心理暗示语：衡量比赛成功与否的标准不是冠军与金牌的取得，而是你在比赛中确实是老老实实地去做好每一发动作，自己和自己比。就这样在心情比较平静的情况下，打到了第三组。第三组前 8 发子弹都正常，第 9 发举起枪刚进入瞄区时，枪就响了，结果是一个 8 环。稍事休息后，她重新上场，心中默念着：8 环已经成为过去，不能因为偶尔的失误而胆怯。叭！10 环！10 环！连续 10 环。这时她手不软，一鼓作气，坚持到底，直到显示屏出现"STOP"后，她才意识到子弹已发射完了。最后一组 100 环。资格赛以 390 环平了奥运会纪录。

射击中的陶璐娜

这时，她能很好地控制心情，按照比赛预案，找到了一个没有人干扰的地方休息，接受随队医生的放松按摩。她脑子里也曾闪现过"离冠军很近了"的念头，但她马上又意识到不能这样去想，"越想结果的人，越没有好结果"。

　　决赛开始了，陶璐娜先预习了一会儿，她感觉非常有信心，然而，面临奥运会决赛的场面，谁又会不紧张呢？她想着，想到了有一次她站在 70 米高空往下跳蹦极的情景，"我能从 70 米高空往下跳，还有什么事情比这更可怕的。"在这样的心态中，决赛比完了，虽然环数不算高，但她对自己的成绩和表现是满意的，她说："这次我圆了奥运会冠军梦，感受最深的是，人生只有不断地挑战自我，超越自我，追求过程，把握过程，才能逐步走向完善。"她被国际射联评为 2000 年度世界射击最佳女射手。

女子 10 米气步枪大满贯得主——杜丽

杜丽，1982 年生于山东淄博沂源，2004 年雅典奥运会气步枪首金获得者和 2008 年北京奥运会女子 50 米步枪 3×20（步枪三姿）个人冠军，并史无前例地在 2004～2007 年射击世界杯总决赛这一项目上四度蝉联冠军。她是奥运会、世界杯和世锦赛女子 10 米气步枪项目的大满贯得主，也是国际射联 2006 年度最佳女运动员获得者，在当今世界枪坛极具知名度。2009 年，杜丽与同是奥运射击冠军的庞伟在河北保定举办婚礼，成为中国体育史上第一对奥运冠军夫妇。

崭露头角

杜丽 1982 年生于山东沂源县南麻镇，1994 年春开始入沂源县体校学习业余射击，1996 年被选入淄博市竞技体校进行集训，启蒙教练周士兵。1998 年进入山东省体育运动学校跟随王德文教练进行专业的射击训练，同年首次参加山东省第 19 届运动会并获女子 40 发气步枪亚军，从 2002 年开始在重大国内、国际赛事崭露头角。2002 年入选中国国家队。2004 年进入山东理工大学体育学院运动训练专业学习。

杜 丽

力挽狂澜

2004 年的雅典奥运会在北京时间 8 月 14 日下午决出了本届赛事的第一枚金牌——女子 10 米气步枪。中国队的杜丽凭借着最后一枪的出色发挥以 0.5 环的微弱优势战胜了强敌、俄罗斯名将加尔金娜，以 502

环的成绩为中国代表团夺得了开赛来的第一块金牌。

在稍早进行的预赛中，加尔金娜以399环的成绩排在首位，而杜丽仅以1环之差排在次席，她的队友赵颖慧则为列第四。

决赛时刻，8名一流好手一字排开。装子弹，倒计时，举枪，瞄准，屏住呼吸，8名选手先后扣击了扳机，结果，中国选手杜丽和赵颖慧在第一轮射击中分别击中了9.7和9.4环，而排在第一位的加尔金娜10.2环的成绩。首枪之后，赵颖慧排在了第二位。而杜丽则排在了第五位。

第二枪，杜丽打出了10.6的本轮最好成绩，而赵颖慧则打出了10.4环，加尔金娜则10.1环，二轮过后，加尔金娜继续占据榜首，而赵颖慧和杜丽分居二三位。

第三轮，赵颖慧率先击发打出了10环，而加尔金娜则打出了10.1环，杜丽和俄罗斯另外一位选手则打出了10.7环的成绩。三轮之后，杜丽则落后俄罗斯选手0.7环的成绩上升到了第二位，而赵颖慧则下滑到了第五位。

第四发，杜丽又打出了10.4环的成绩，而俄罗斯选手加尔金娜则打出了10.1，两人之间的环差已经缩小到0.3环。而赵颖慧继续处在第五位的位置。

第五轮，杜丽打出了10.4环好成绩，而加尔金娜则打出了10.2，杜丽与第一位的成绩缩小到0.1的差距，而德国选手打出了10.8的本轮最好成绩。赵颖慧此轮过后上升到了第四位。

第六轮，加尔金娜打出了10.8的成绩，而杜丽则打出了10.1环，加尔金娜以0.8的优势继续高踞榜首。

第七轮，加尔金娜又打出了10.8环成绩，而杜丽和赵颖慧则打出了10.2环，此轮过后，加尔金娜继续稳固了自己领先的优势，以1.4环的优势向冠军发起冲击。

第八枪，加尔金娜打出10环，而杜丽则打出了10.8环的成绩，两人相差 0.6 环。而赵颖慧也打出了 10.6 的成绩，俄罗斯选手继续排在首位。

倒数第二发的比赛开始了，杜丽再次打出了 10.8 环的优异成绩。两人的差距缩小到 0.4 环。赵颖慧打出了 10.6 环。

最后奥运首金的最后一枪开始了。杜丽打出了 10.6 环的成绩，而加尔金娜则错失良机，发挥失常，竟然打出了 9.7 环的成绩，关键时刻杜丽跃居榜首，获得了雅典奥运会的首枚金牌。

柳暗花明

2004 年 8 月 15 日上午，杜丽父母所在的山东淄博老家两居室的屋里被全国各路云集的记者挤得凌乱不堪，杜丽父母兴奋得脸上写满了疲惫和困顿。

"没什么好说的，杜丽只不过是幸运罢了。"谈及夺冠的女儿，62 岁的杜兆祥说得更多的就是这么一句话。

"冠军的父母是否太谦虚了？"记者心中感叹着，便提出看一看杜丽过去的荣誉证书和奖牌。

持枪的杜丽

其父杜兆祥一愣，旋即说道："杜丽虽然好胜，但却不爱表现自己，过去的荣誉不能代表什么，她的目标是将来取得更好的成绩，所以，她的所有奖杯，奖牌都带走了。"

看看问不出鲜活的幕后新闻，记者失望地走出了杜家。

这时一位 30 岁左右的摩的车主戛然一声停在了记者的面前，说给他 100 元报料费，带记者去见杜丽的外公和外婆。

76 岁的齐登云和 74 岁的谢家美两位老人热情而激动，在外孙女杜丽夺冠后遭到冷遇的老人猛然间见到记者，似乎有说不完的话。两人先把杜丽珍藏的各种奖杯，奖牌和证书的小木箱打开，让记者翻看其外孙女那半箱荣誉，又抱出杜丽几本各个时期的相册，让记者一睹杜丽的飒爽英姿。

记者惊喜中备感愕然，杜丽的外婆谢家美说："杜丽是跟着我长大的，她的家庭很不幸福，她的童年太苦了。"

杜丽出生在 1982 年 3 月 5 日。杜丽以前本不姓杜，原名石芳芳，究其原因，缘于其母亲的一场婚变。

邂逅射击

7 岁那年春天，正上小学一年级的杜丽一天放学回到家，见母亲正坐在地上哭，她"哇"一声跑过去抱住母亲问原因，母亲告诉她，父亲嫌弃她是个女孩，想再结婚，不要她们娘俩了。

后来，齐元珍和石某离了婚。跟了母亲的杜丽把"石芳芳"改为"齐芳芳"。虽然母亲每月从父亲那里领取生活费，杜丽却从此与父亲形如路人。

离婚不久，齐元珍调到县食品公司，领着女儿搬到县城的娘家。从此，杜丽在县实验小学读书，长时间吃住在外婆家中。

12 岁那年，齐元珍和杜兆祥结了婚，并搬到县公安局家属院。杜兆祥把"齐芳芳"改为"杜丽"。杜丽对继父不经她同意私自更改自己的姓名异常恼火，曾多次对外公说要改过来。

正在苦恼之时，杜丽发现了一个好玩的地方——射击培训班。

一个星期天，杜丽闲逛到了县射击培训班，隔着大门，她看到一群和她年龄相仿的少男少女举枪练瞄准，立即被吸引了。

当晚，杜丽告诉外婆，她想学射击。外婆做不了主，打电话叫来女儿，齐元珍不同意。正在母女俩争执不下时，齐登云从外面回到了家，他听女儿和外孙女说完，当即拍板道："我支持芳芳学习射击。"随后，老人给齐元珍分析说，杜丽学习不是太好，即使将来考上大学，也不一定能有建树，让她学习射击，说不定日后还能得奥运冠军哩。

9年后的今日，杜丽外公的预言所幸言中，可想齐登云老人是多么的兴奋啊！

哭离家乡

在赴雅典奥运前的6月底，杜丽一个人特意悄悄地回到沂源县外婆家中住了两天。

"这是孩子自那年6月份哭着从沂源去北京后今年第一次回家。"外婆说着话，竟哭了起来。

原来，2002年杜丽获得了亚运3金后，沂源县特意开了表彰大会，并奖励2万元现金。会上，由于杜丽要发言，就把现金递给了同台受表彰的母亲，不料被旁边的杜兆祥拿走。

散会后，杜丽问继父要2万元现金，杜兆祥不给，说当年她上市体校曾给她过4000元学费。杜丽说你当年只给了3900元，还让我给你打欠条，我早还你了。杜兆祥无奈只好把钱交给了杜丽，却窝了一肚子气。

杜丽让外婆把2万元钱代自己存下并保管后，临走的前一天，她和舅家表妹一起特意到母亲家告别。那天，天气很热，杜丽顺手把空调打开，一边的杜兆祥见状说："开空调要用电，电是钱买来的。"

"用不了几个钱。"杜丽说。"一分钱也是辛苦挣来的！"杜兆祥说。

杜丽不再说话。杜兆祥自己炒了盘花生米，猛喝了半瓶白酒后，开始骂杜丽和她母亲，内容不堪入耳。齐元珍劝了几句，招来杜兆祥一顿毒打。杜丽上前帮忙，也被打。闻讯赶来的杜丽的舅和姨们制止了施暴的杜兆祥，杜丽和母亲回到了外婆家。

第二天上午，杜丽临走前，想起了金牌仍在杜兆祥家，就让舅舅和母亲去取．不料门锁已被杜兆祥换下。

杜丽情急之下报了警，亚运冠军的金牌被藏不是小事，沂源县公安局局长在劝说杜兆祥无效的情况下，动用了3位消防兵，架起云梯破窗而入帮杜丽取出了金牌。

那次，杜丽走得很伤心，一路哭哭啼啼，以至于春节也没有回家过年。

敢爱敢恨

赴雅典参加奥运会前，杜丽回到沂源后没有再登杜兆祥的门，并劝母亲与杜离婚，想把自己的姓名改过来，但遭到母亲的拒绝。最后，杜丽向母亲提出："如果我得了冠军后，你一定要到外婆家来庆贺。"

事实上，8月14日下午奥运女子10米气步枪开赛前，齐元珍不愿回母亲家，而是和当地记者在杜家观看了比赛。杜丽夺得首金后，淄博市及沂源县的领导到杜丽家庆贺，被杜丽的启蒙教练周士兵领到了杜兆祥家。随即，当地企业赠送的壁挂彩电，电脑及国际直播电话也都送给了杜兆祥。杜兆祥面对央视记者侃侃而谈，很是风光。

杜丽在比赛中

不料，远在雅典的杜丽通过央视第4频道看到这一切后，立即把电话打给外公家，询问是怎么一回事。当得知原因后，杜丽又把电话打给启蒙教练周士兵表示不满。

"杜丽自小就敢恨敢爱。"采访快结束时，谈及外孙女杜丽的性格，齐登云老人如是说。是的，有恨才有爱，敢爱敢恨真英雄。杜丽，这位奥运冠军，她的童年遭遇不幸比别人更多，所以她的成功更令人深思，更令人佩服！

凤凰涅槃

2008 年北京奥运会，面临夺取奥运首金压力的杜丽，在女子 10 米气步枪比赛中夺得第五名，在与众多世界一流高手的强势挑战中卫冕失败；未能打破历史上从未有人卫冕该项目冠军的历史，也没有突破奥运东道主夺得首金的罕见怪圈。

其后，杜丽摆脱落败阴影，在 50 米步枪三姿的比赛中以总成绩 690.3 环破奥运会纪录夺得金牌。

对于杜丽来说，这是一次涅槃的机会，也是一次超越自我的良机，杜丽肩上的担子很重，压力也不比冲击首金时小，不过杜丽在开局不利的情况下顶住了压力，逆转夺冠，为中国射击队拿下了北京奥运会首枚步枪金牌，大大的鼓舞了中国步枪军团的气势。

明星气质

杜丽有着山东姑娘特有的质朴与沉稳，在她身上体现为一种天然去雕饰的本色美丽，而且有一种与中国人传统审美极为吻合的娴静内敛的气质。

杜丽与绝大多数射击运动员一样，在其夺得 2004 年雅典奥运会中国代表团首金之前，一直默默无闻地埋头于枯燥而单调的训练之中。成名之后，也不像一般明星那样外露，依然表现出一种宠辱不惊的淡定与低调，这大概是其实并不具备太多"星相"的杜丽被很多体育迷喜爱的原因。

2008 北京奥运痛失女子 10 米气步枪金牌，她的眼泪与真诚博得观众与众多体育迷的同情，纷纷给其鼓励。最终她在 50 米步枪三姿比赛中夺魁，不负众望，尽展明星风采。

射箭明星花絮

奥运会与世锦赛双料冠军——达雷尔·佩斯

达雷尔·佩斯，美国射箭运动员，也是世界上最杰出的射箭运动员之一，他是奥运会与世锦赛的双料冠军，在世界射箭史上留下了浓墨重彩的一笔。他分别于 1976 年、1984 年夺得奥运会射箭个人赛金牌 2 枚；他一共夺得 7 枚世锦赛金牌，分别于 1975 年、1979 年夺得个人赛金牌 2 枚，并于 1975 年、1977 年、1979 年、1981 年、1983 年夺得团体赛金牌 5 枚。

达雷尔·佩斯出生于美国俄亥俄州辛辛那提，他在 13 岁时便对射箭产生了浓厚的兴趣，在当地的一家商店中买到一套装备后，他用其中附赠的优惠券免费参加了第一堂射箭训练课，从此便一发不可收拾。天赋异常的佩斯进步神速，16 岁便入选了美国国家队，世界排名很快就升至第 23 位，在国内比赛中更是所向披靡，1973 至 1976 年赢得四连冠后，1978 和 1980 年又两度问鼎。1975 年，佩斯赢得了自己的首个世锦赛冠军，并且在 1979 年再次问鼎。在 1976 年蒙特利尔奥运会上，作为夺冠大热门的佩斯不仅勇夺金牌，而且还以 2571 环的成绩打破了自己保持的 2570 环的世界纪录。

20 世纪 70 年代末，佩斯被公认为世界上最优秀的射箭运动员之一，然而由于美国抵制了 1980 年莫斯科奥运会，他失去了卫冕奥运冠军的机会。当佩斯在 1984 年洛杉矶奥运会上夺得自己的第二枚奥运金牌时，人们不禁会想，如果不是 4 年前的抵制，他是否有机会完成三连冠的伟业呢？1988 年汉城奥运会，佩斯在与同胞杰·巴斯的较量中落败，丢掉了金牌，不过他和巴斯以及老对手理查德·麦金尼合作一举拿下团体赛银牌。

视力仅为 0.1 的神奇射手——林东铉

一个视力只有 0.1 的人，居然可以成为射箭运动员，并且连破世界纪录，是不是有些难以置信？不过，这就是活生生的事实。在先于伦敦奥运会开幕式开始的射箭男子排名赛中，韩国射箭传奇人物林东铉就完成了这一切。伦敦奥组委在介绍他的视力时，称他为"法律上的盲人"。

伦敦奥运会还没有正式开幕，在罗德板球场上，7 月 27 日就诞生了本届奥运会的第一份惊喜。在当天 9 时（北京时间 16 时）开始的男子射箭个人和团体资格赛中，韩国选手成为最大赢家，不仅包揽了个人前三名，而且刷新了个人和团体两项世界纪录。

在个人资格赛中，现世界排名第二的韩国名将林东铉以 699 环位列资格赛第一，在 72 箭的比拼中，

林东铉

他射出了惊人的 50 个 10 环，并将自己创造的世界纪录提高了 3 环。这个奇迹就是由视力仅为 0.1 的林东铉创造的。

0.1 的视力意味着什么？"0.1 的视力实际上近乎于盲人。"不少眼科大夫在网上答疑时指出。《卫报》刊登的消息显示，视力只有 0.1，这意味着林东铉只能看到 20 英尺（约 6.1 米）远的东西，而一个视力健全的人可以看到 200 英尺远。

此次比赛结束后，林东铉被记者包围，不少记者都把问题聚焦在

"他如何看清靶子"这个问题上。林东铉说:"射箭靠的是感觉,视力没有给我的射箭生涯带来任何麻烦。我也不愿意用手术来矫正视力。我所做的,就是眺望箭靶时区分颜色,然后等待裁判或者观众的示意。"为了跻身世界一流射手之列,他每天要进行高强度的反复训练,通过整个身体的感觉来控制射箭。

射箭是韩国的传统优势项目,在韩国有广泛的群众基础。很多韩国小孩子从小就开始练习,生于1986年的林东铉从10岁开始练习射箭。2002年,林东铉还是忠北体高一年级的学生。这一年,他成为了釜山亚运会上的一颗新星。在个人赛中,其他的韩国选手全部状态低迷,而他是唯一获奖的选手。在团体赛中,他和前辈默契配合,夺得了比赛的金牌。在韩国国内,初中组的比赛只有30米和50米的项目,所以他几乎没有过70米射箭的经验,而这却是国际大赛预选和正式比赛的淘汰赛时必须的项目。林东铉从被选为国家队队员之后开始70米项目的训练,适应却是极为神速。

但在他17岁时视力逐渐下降,很多人觉得他不能再继续射箭这项运动,但是他自己却没有放弃。现在他的视力只有0.1,但是他却说:"我的视力问题没有给我射箭生涯造成任何不便。"

林东铉在比赛中

在之后的主要国际大赛中,他全部都获得过一次以上的冠军。2004年纽约世锦赛个人第二团体第一,2004年雅典奥运会团体第一,2005年新德里亚锦赛个人第一团体第一,2006年多哈亚运会个人第一团体第一,2007年莱比锡世锦赛个人第一团体第一等等,他一路乘胜长驱直入。在射箭项目20年保持世界最强的韩国,被选为国家队队员也就意味着获得奥运的金牌。在2008年的国际射箭世界杯上他3次获得优胜。

　　林东铉在 2004 年奥运会上获得团体金牌，并以 18 岁 101 天的年龄成为奥运会射箭历史上最年轻的男子金牌得主。2007 年，林东铉首次夺得世锦赛个人冠军。2008 年，他更是成为了世界排名第一的运动员。2012 年他虽然没有获得伦敦奥运会个人金牌，但他领衔的韩国射箭男团获得了金牌。

射箭女皇——金水宁

　　金水宁，韩国杰出射箭运动员，有着"射箭女皇"的美誉。在 1988 年汉城奥运会上，年仅 17 岁首次参加奥运会的她分别获得女子射箭个人和团体双料冠军，她所取得的成绩举世瞩目。

　　生于 1971 年的金水宁从小学 4 年级起开始接触射箭，从此与这个古老的运动结下了不解之缘，并创造了自己辉煌的人生。1988 年汉城奥运会，她就在女子射箭个人比赛中战胜师姐王喜敬和尹映淑，夺得该项比赛的金牌。随后，她又与队友合作夺得女子射箭团体冠军。赛后，当教练问金水宁为何能战胜两位师姐夺冠时，她回答："我当时只看到靶心，连箭都看不到了。"教练听后满意地点点头，微笑着对她说："你已经到了射箭的最高境界了。"也正是凭着这种

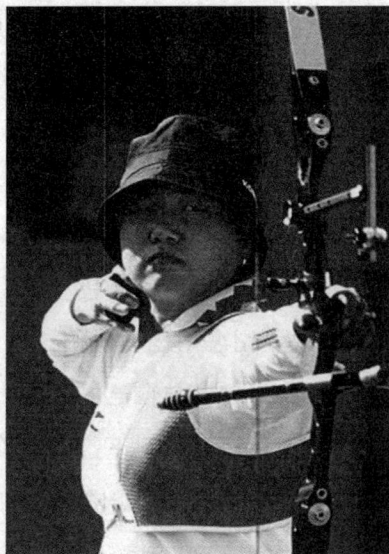

金水宁

执著劲儿，金水宁又在 1989 年和 1991 年世界射箭锦标赛上夺得 4 枚金牌。

　　1992 年巴塞罗那奥运会，金水宁在女子射箭个人比赛中发挥一般，

仅夺得一枚银牌，冠军被同胞赵允顶夺走。不过，金水宁很快在团体比赛中找到安慰，她与队友战胜中国队，蝉联了该项比赛冠军。

正在射箭事业如日中天的时候，21 岁的金水宁或许是已经夺得了所有能够得到的荣誉，也失去了继续参加比赛的动力，于是她决定告别箭坛。在此后的 7 年里，金水宁结了婚，并养育了两个孩子。

1999 年 11 月，依然眷念着箭坛的金水宁决定重返运动场。此时的她显得更为成熟和老练，在奥运会选拔赛中宝刀不老，击败了许多年轻选手，终于入选国家队，并在 8 月举行的欧洲系列赛中击败西班牙、哈萨克斯坦等多名强手，获得个人和团体的冠军。随后，金水宁最大的心愿是再次夺得奥运会个人和团体冠军。

在 3 名参加 2000 年悉尼奥运会的韩国女箭手中，她是当然的核心，督促着比她小 10 多岁的两名女箭手加紧练兵。有时她也高声训斥同伴，而同伴在这位老大姐面前显得服服贴贴。她以自己辉煌的过去和今天的成熟征服了同伴们的心。同时，3 名女箭手本来就有一个共同的心愿，夺取奥运会的团体冠军。有人说女子射箭团体冠军是韩国队的囊中之物，但金水宁却不敢有半点松懈。经验告诉她，在比赛中，任何一点失误都可能改变奖牌的颜色。

"决不留恋射出去的箭。"这是金水宁的一句名言。

射箭是自己与自己的战斗。目前的金水宁正着重调整自己的心态，以期达到在任何情况下都能沉着冷静的境界。

金水宁毕竟离开射箭的时间太长，已经失去了往日"射箭女皇"的霸气，在 2000 年悉尼奥运会上，她仅夺得一枚铜牌。冠亚军被同胞、师妹尹美珍和金南顺夺走。在射箭女团比赛中，金水宁与队友一起战胜乌克兰和德国等对手，夺得冠军。金水宁的奥运会金牌也增加到 4 枚，奖牌数达到了 6 枚，是奥运会历史上获得射箭比赛奖牌最多的女选手。

当今世界箭坛一姐——朴成贤

朴成贤可以说是一个射箭奇才。她很小便开始接触射箭,12岁她开始接受射箭训练,18岁她就已经登上世界的舞台并取得了很好的成绩。她是2004年雅典奥运会女子射箭个人和团体的金牌得主。她目前仍然保持着四个室外个人项目和两个团体项目的世界纪录。

朴成贤

朴成贤带着一路辉煌走来:2001年欧洲大奖赛个人亚军、团体冠军;2001年世锦赛女子反曲弓赛个人冠军、团体季军;2002年欧洲大奖赛个人第三、团体冠军2002年亚运会女子射箭团体冠军;2003年世锦赛女子反曲弓赛个人亚军、团体冠军;2005年世锦赛个人第三名、团体冠军;2006年亚运会个人、团体冠军。

2008年北京奥运会上,她为韩国赢得了女子射箭团体的冠军。韩国射箭梦之队继续蝉联该项冠军。

在北京奥运会上,朴成贤裹挟着2004年雅典奥运会两个冠军的威风与霸气,箭尖直指个人赛冠军,然而与中国选手张娟娟的遭遇,让她泪洒赛场。

回到驻地再度面对韩国媒体时,朴成贤的泪水再度夺眶而出。看着哭得十分伤心的朴成贤,使得很多原本想要提一些尖锐问题的韩国记者心软了,因为记者们心里也十分清楚,朴成贤尽力了,就像她在赛后联席新闻发布会上说的那样:“因为我尽力了,所以我问心无愧,就算是银牌,也是珍贵的,因为是我用自己多年来的努力赢得的。”跟朴成贤一起输给了张娟娟的尹玉姬和朱贤贞也暗自啜泣,发布会的现场一时间被一股悲伤和略带尴尬的氛围所笼罩。后来还是朴成贤率先开口说话了："首先我向射箭界的前辈们说声对不起，我没能继续捍卫你们留下来的荣誉，使得韩国女子射箭保持了 20 多年连续 6 届奥运会都拿金牌的成绩停在了我的手中，我真的很抱歉。"朴成贤承认，当她看到了自己的两名队友都被张娟娟淘汰后心里多少出现了一些莫名紧张。"我希望我输给张娟娟之后，可以为我的后辈们减轻一些压力，因为韩国射箭队一统天下的格局不复存在了，我们必须抓紧时间争取在 2012 年重新拿回这块旁落的金牌。只要有实力，我们还能拿回来，中国人做到了，我们没有理由做不到，一定能！"

站在领奖台上的朴成贤

除此之外，朴成贤在心理上多少有些"轻敌"，她透露，她怎么也没有想到，四年前那个中国射箭队里年纪最小最不起眼的小姑娘竟然在四年后成为了中国射箭队的队长，那个时候 21 岁的朴成贤亲自"射杀"了中国射箭队，那时候的张娟娟无论从气势还是年纪还有大赛经验，跟她昔日的队友何影比起来都略显稚嫩，但是没有想到四年后就用同样的方式赢了她。"下次在伦敦奥运会再见面的时候，我要赢回来。"2012 年伦敦奥运会上，虽然朴成贤没有亲自赢回来，但她的队友奇甫倍却帮她赢回来了，夺得女子射箭个人冠军。

中国箭坛"开国英雄"徐开才

徐开才，1940 年生于山东莱芜，第一届全运会上获射箭比赛双轮全能冠军。1960 年至 1963 年曾多次获得全国射箭比赛冠军。第一届新兴力量运动会上获射箭比赛双轮 90 米冠军。1963 年、1964 年保持了我国全部男子个人射箭项目的最高记录。1963年以585环的成绩打破男子双轮70米世界纪录，以302环的成绩打破男子单轮50米世界纪录。两次获国家体育运动荣誉奖章。历任解放军队教练、中国射箭协会教练委员会主任。

1958年，18岁的徐开才身高1.80米，在山东淄博七中念初三，一天济南军区到校招体育兵，爱好运动的徐开才被圈定在名单内。入伍后，领导说你干脆练射箭吧，他答应了。可射箭啥玩意？不知道！怎么射？不知道！拿什么射？还是不知道！队里从上到下没一个人知

徐开才

道的，但全国首届射箭锦标赛已定在几个月后举行。后来打听到济南大观园有个白胡子老头玩弓箭，徐开才解释说，就像北京天桥艺人在街头耍把式一样，甭管怎么说能沾点边，便请回队里。老人教的第一个动作是骑马蹲裆式，要求队员练3个月，完后再教第二个动作。"这怎么可能呢？"不久队里又从青岛找来一体育教师；再不久徐开才就上了赛场，拉弓搭箭照着靶子就射，结果还打破了旧中国的纪录，为此立了三等功，从而跨进八一队大门。

1959年第一届全运会，徐开才获得男子双轮全能冠军，此后就是无限风光在险峰，1963年4月11日，在"七单位通讯赛"上他破了50米双轮和70米单轮两项世界纪录。同年举行的新兴力量运动会上，他又获得90米金牌。由于严重的腰伤，第二届全运会，他开始执教。

徐开才年轻时高大英俊潇洒，是很多姑娘心目中的白马王子，他曾笑着说，"1961年我就入党了，当时姑娘给我的来信看都不敢看，立马交给组织，哪敢谈恋爱呀。"

正当我国首批射箭健儿们刻苦训练时，"文革"来了，徐开才成了批斗对象，由于他性格刚烈，不肯认错，罚得最重，被关进牛棚近两年。后来到食堂当管理员，1970年在他的强烈要求下从部队复员到沈阳，在一家机械厂当车工。两年后，国家队重新组建被召回。

与妻子李淑兰的结合是在他最失落、最看不到前途的年月，徐开才说，"在那种情况下李淑兰坚定不移地跟了我，任别人怎么劝都不听。婚后，同事对我说，'徐开才你这辈子都要对李淑兰好。'"具体怎么好？徐开才只是大笑不止，没有说出一件实事。但李淑兰在那种特殊的年代里，沾了徐开才不少"光"，先是在队里的小卖部卖东西，后随丈夫去了同一工厂当装配工。两年后，也是重新归队。

1972年，周总理批示重新组建射箭队，点名要徐开才、李淑兰回去，徐开才、李淑兰这对夫妻档又重新回到了箭坛，分任国家射箭队男女队教练，开始了并肩携手的"箭师"生涯。

1958年到1993年，徐开才由射箭到执教，走过了35年。风风雨雨30余载，徐开才所创造的奇迹令人炫目——中国迄今为止惟一打破男子射箭世界纪录的选手；培养了孟凡爱、宋淑贤等女选手，将世界纪录推翻了一次又一次；实现了中国女箭手在世界大赛上（马湘君在第34届世锦赛）金牌"零的突破"。除此而外，徐开才与李淑兰的联姻也创造了一个历史——我国打破世界纪录最多的一对夫妻（共19次）。

徐开才与李淑兰

徐开才1995年与一英国人交谈时得知，他对中国古箭研究颇深，"那怎么成，外国人都懂，我也要搞明白。"自那时起，徐开才开始潜心研究古代弓箭，看了不少书籍，古书难啃，他还买来几十本工具书。十年有余了，问他是否成了专家，他谦虚地说，"仍未研究透，只能算一知半解。"从1997年退休后，徐开才大部分时间都用在"读"弓箭上，看书，做笔记，包括到外参观博物馆内收藏的弓箭和到古玩市场淘宝。兴致如此高的他，也收藏了不少弓箭，家里的墙上就挂了十几个，最老的弓是雍正年间的。徐开才的爱好也感染了外孙子，4岁多的孩子已开始玩起弓箭。

17次打破世纪纪录的李淑兰

李淑兰，1944年生于河北乐亭，从1959年到1966年6月，我国射箭选手共有7人28次超过12项世界射箭纪录，其中李淑兰一个人就11次超过世界纪录。她共17次（包括6次团体）打破女子射箭世界纪录，成为我国打破世界纪录次数最多的运动员。她曾4次获国家体委颁发的体育运动荣誉奖章，1984年被评为建国以来40名杰出运动员之一。

没心没肺，不断破世界纪录

谈起至今无人超越的17次打破世界纪录的经历，李淑兰脸上的喜悦之情显而易见，毕竟这是她最珍贵最辉煌的记忆。而在李淑兰口中，那只是因为"没心没肺"的性格和心态带来的一路顺风而已。1960年，刚到部队时，李淑兰才16岁，身高1.71米的她最初被分到了篮球队，跟队友混熟没几天，射箭队的教练"看中"了胳膊修长、"是块射箭料子"的李淑兰，"挖"她到了射箭队。

第一次上练功课，李淑兰只能勉强拉开一张30磅拉力的竹制轻弓。不过她心灵手巧，进步很快。1961年6月，她第一次参加了全能测验，60米单轮达到了235环，竟接近了244环的全国纪录。学射箭才四个多月的新手，这样的成绩实在是罕见的。

1961年9月，李淑兰作为解放军射箭代表队的一员，首次到合肥

李淑兰当年在比赛中

市、上海市参赛，其双轮全能成绩是1919环，仅次于全国冠军赵素霞等3位名手。1962年7月全国射箭锦标赛在内蒙古呼和浩特举行，第一次参加全国比赛的李淑兰，战胜了所有强劲的对手，荣获了全国冠军。

1963年4月在全国7单位射箭通讯赛上，李淑兰以327环超321环的女子30米单轮世界纪录；650环超624环女子30米双轮世界纪录；553环超530环女子50米双轮世界纪录；1148环超1143环女子单轮全能世界纪录；2269环超2173环女子双轮全能世界纪录，一下子超了5项世界纪录，囊括了女子单人世界纪录的半数，开创了世界射箭运动史上一个人在一次比赛中创造了这么多世界纪录的先例，把称雄于世的美国运动员远远抛在后边。

1963年，在印度尼西亚首都雅加达举行的第一届新兴力量运动会上，她又打破了女子双轮30米世界纪录；1965年，在一次友谊赛中，她3次打破女子双轮50米、30米两项世界纪录；同年举行的第二届全国运动会上，她与队友合作，6次打破女子单轮、双轮团体两项世界纪录。翌年，在全国射箭锦标赛中，她又打破女子单轮70米的世界纪录。

"那时候正是无忧无虑的年龄，整天没心没肺的，从训练场到赛场从来就是一个念头，手里这支箭得盯住喽，前面射出去的已经过去了，后面没射的谁也不知道。也不知道紧张，比赛成绩反而都好过训练成绩。"

受伤安慰，赤贫婚姻亦幸福

16岁的李淑兰刚进射箭队时，徐开才20岁，都已经是队长了，

"运动员不许搞对象大家都知道，那时候我们都傻傻的，组织性纪律性很强，不让做什么坚决不做，我和徐队长的交流和了解也仅限于训练范围，老实着呢。"

一直到 1965 年，在备战第二届全运会前，李淑兰的一次意外受伤，给了徐开才一个"英雄救美"的机会。在各地备战运动员入住国家体委招待所的日子里，参加集训的李淑兰由于训练导致腰椎严重受伤，徐开才作为队长，天天去看望、开导、鼓励她，老大哥 40 多天的体贴入微和循循诱导，俘获了李淑兰那颗一向大大咧咧、懵懵懂懂的心。但是接下来的训练和比赛，两个人只能默默关注彼此，谁也不敢违反纪律，公开那份朦胧的幸福。"文革"时期，"谈恋爱就成了无政府主义了"，李淑兰呵呵笑着说。

1969 年，29 岁的徐开才没花一分钱就娶了媳妇，两张床并一起，就成了一个家。"当时跟朋友借 100 块钱买了一台收音机，可还没焐热，心里就觉得太奢侈了，匆匆拿到商店退了，又把钱还了朋友。"回想当年的"赤贫"婚姻，李淑兰满脸满眼写着的都是幸福。

重返箭坛，面对病魔展笑颜

1970 年，射箭队解散了，结婚不久的李淑兰和徐开才转业回到了沈阳，被安置在劲松机械厂当工人。刚去的时候，那边的工友们都认为他们早晚还得走。李淑兰爽朗地说："走不了啦，射箭队都解散了，安安生生地就在工厂干了。"谈起在工厂的那段生活，李淑兰依然满脸生动，"那时候工厂给我们的待遇还不错，分了 9 平方米的房子。我每月工资 49 块 5 毛，老徐能拿 56 块，很知足。一到发工资的日子，带着刚几个月的女儿到饭馆点两个菜改善生活，成了夫妻俩的开心事。那时候，虽然离开了射箭队，心里却没有太多的失落感，两个人没事了还会聊聊以前训练和比赛的事情，当作一种回味。"

1972 年，周总理批示重新组建射箭队，点名要李淑兰回去，李淑

今日李淑兰

兰开始担任国家射箭队女队教练。6年后，李淑兰被查出患有乳腺癌。看着只有8岁的女儿箭羽，从没发过愁的李淑兰情绪十分低落，可没几天她就想开了。到医院做了手术后，她还组织了一个小团队开导起别的病人。那一年她只有33岁。到1998年退休，李淑兰风风火火干了20年，和老伴一起培养出孟凡爱、黄淑艳、宋淑贤等享誉中外的优秀运动员。癌症，早就在她的坦然面前没了影儿，"我如今身体好着呢，总是不想着自己生病了，病也就没了。所以说，这人哪，有时候还就得没心没肺，开弓没有回头箭，就看今天怎么活！"说到这里，李淑兰老人又是一串爽朗的笑声。

颐养天年，心系箭坛留遗憾

离开自己叱咤多年的射箭场，李淑兰依然心系箭坛，她说："毕竟搞了那么多年的射箭。"由于自己家和国家射箭队在一个院里，在队员们比赛和训练的时候，她经常自己一个人或带着外孙女到场地上看一看，和队员、教练聊聊天。队员们外出比赛时，她还会通过各种媒体来了解比赛的情况，这似乎成了一种生活习惯。2001年世界射箭锦标赛在北京举行，她看了全部比赛，中国女队获得团体冠军，"那是相当地激动啊，比当年自己破了世界纪录还兴奋。"

老伴儿徐开才现在作为国家射箭协会的资深总督导，还在到处跑，一个电话打来立马就走。平时在家，李淑兰偶尔会陪老伴儿一起到木材厂买些材料回来做弓箭，阳台墙上挂满了徐开才手工制作的半成品和收集的各种弓箭。问她现在还能不能开弓了，李淑兰边谦虚地说"不行喽，不行喽"，边拿起一把弓比划比划，没想到拉了个"大满贯"，神态、姿势和墙上她当年参加新兴力量运动会破世界纪录时候的那张照片一样，目光炯炯、英姿飒爽。

李淑兰最遗憾的事情就是"感觉自己生早了"，因为中国那时候还没有恢复在国际奥委会的合法地位，即使破了 17 次世界纪录，李淑兰却没有机会拿到奥运金牌，成为奥运冠军。她特别羡慕生在这个年代的体育健儿们，觉得能够在奥运赛场上开弓射箭，是一件多么幸福的事情。

中国射箭首次打破世界纪录的赵素霞

赵素霞，山东龙口人，第一届和第二届全运全射箭冠军，1961 年在上海市春季射击比赛中以 270 环的成绩打破单轮 50 米 261 环的世界纪录，同年以 506 环的成绩打破 70 米双轮世界纪录。1961 年赵素霞为中国人首次打破射箭世界纪录。1963 年以 517 环的成绩再破双轮 70 米世界纪录。两次获国家体育运动荣誉奖章。

1958 年，上高中的赵素霞学习成绩优异，并准备报考上海医学院，梦想成一名出类拔萃的外科大夫，因为她母亲就是一名妇科医生。她在校期间还是运动场上的活跃分子，喜好打篮球，能用一只手将球从后场扔到前场，俯卧撑能做 108

赵素霞当年比赛剪影

个，一只手拉单杠能上 36 个，男士们都甘拜下风。如此大的臂力，一是天生，二是爷爷在几个孙子还很小时就请武术师傅授艺，当时 4 岁的赵素霞也跟着五个哥哥一起学。

劲大无比的她，最终没有逃过"伯乐"的眼睛，她被市射箭队挑中了，1958年暑期她就是在射箭场度过的。一个暑期的训练，她便在全市比赛中获得第四名。又经过半年的训练，全国比赛夺得第五名。那么短时间取得这么好的成绩，让"伯乐"们喜出望外，怎舍得就此撒手呢。

眼看第二年即1959年就是首届全运会，队里找到学校让赵素霞暂时放弃学习而训练一年，全运会后再复课。工作是由校长出面做的，并与她约定，回校后可以不留级，学校给她吃小灶，好完成她的大学梦。事情敲定后，赵素霞无后顾之忧地参加了训练和比赛，但鬼使神差般地在全运会上夺得了冠军。这对她来说不知应高兴还是该难过，因为这意味着医生梦到此结束，上海射箭队将她扣下来，死活不放人了。任赵素霞怎么吵怎么闹，运动队这碗饭不吃也得吃。赵素霞不愿当运动员还有另一原因，因为哥哥、嫂子、姐姐、姐夫都是大学毕业生，而且从事的是科研、外贸、金融等工作，相比之下，她觉得今后在家抬不起头来。后来还是在妈妈的劝说下，她才断了回校读书的念想。

在一次接受采访中，赵素霞说，之所以学习成绩好，是因为能活学活用。射箭也是这个道理，不要像个机器人似的，开弓之前要动脑筋。射箭看似简单，其实它还包含力学、心理学等知识，所以说，射箭离不开科学，运动员也应有较高的文化知识，才能精练加巧练，才能用思维训练，而不是单一的四肢运动。

1960年，她在训练之余，坚持到上海体院读夜校，知识对她射箭帮助很大，成绩节节攀升。1961年6月3日，上海春季运动会，赵素霞就是在这次比赛中第一次打破50米单轮世界纪录，也成为新中国成立后，最早打破世界纪录的人之一。同年11月，赵素霞又打破70米双轮世界纪录。不久捷克人将她这一纪录改写，不过赵素霞很快又把世界纪录夺了回来。第二届全运会，赵素霞当仁不让，再摘全国冠军。1963年，印尼新兴运动会上，赵素霞与另两选手为中国队夺得团体冠军。

赵素霞对自己取得如此骄人战绩并没显得多自豪，令她自豪的是，"1961 年，周总理就能叫上我的名字。在去参加新兴运动会时，我就是同刘少奇，周恩来、陈毅、贺龙等国家领导人坐在一架飞机上。周总理还为我签发国家一等功证书呢。"同时赵素霞还是上海市妇联执委，担当如此重任时她只有 18 岁。

"文化大革命"对她的家冲击非常大，她也被下放到工厂劳动改造。直到 1973 年，因她会弹钢琴，被上海音乐学院挑去抄五线谱，就这样跨进"音乐大门"。平反后，学院看她档案后发现，"原来你破过射箭世界纪录呀！"从此担任起校体育教师。

后来她又担任音乐教师，因为教学成果斐然，2001 年，文化部给其颁发优秀音乐教育奖，当时全国仅 20 名获奖者。2002 年她从上海音乐学院退休。

"逢韩不胜"魔咒的破解者——张娟娟

长期以来，韩国一直是奥运会射箭项目的霸主；但在 2008 年 8 月 14 日的北京奥运会女子射箭个人比赛中，唯一一名进入八强的中国选手张娟娟以 27 号种子的身份在 1/4 决赛、半决赛和决赛中接连"射杀"三名韩国高手：三号种子朱贤贞，二号种子，世界纪录保持者尹玉姬和头号种子，卫冕冠军朴成贤，一举夺得了中国射箭运动史上的首枚奥运金牌。有意思的是，此时外国媒体似乎还不适应奥运会射箭冠军被非韩国选手夺走的事实，法新社竟然在最初的新闻稿中把张娟娟说成了韩国人。

二度战胜韩国

张娟娟，1981 年生于山东青岛，1995 年 7 月 11 日在青岛市体育运动学校开始接触射箭，教练曲月铎；1996 年 9 月进入山东省射箭队，

张娟娟

教练王国章；2001年进入国家队。

在2001年9月举行的第41届世界射箭锦标赛上，中国女子射箭队取得了历史性的突破，获得团体金牌。这是中国射箭队首次在世界大赛上拿到团体金牌。而在12月举行的亚洲射箭锦标赛上，小将张娟娟获得了女子反曲弓个人冠军，一举打破了中国女子射箭长期以来逢韩不胜的历史。

如今的张娟娟已经成为中国女子射箭队的领军人物。在2008年北京奥运会上，张娟娟连胜三位有着梦之队之称的韩国选手，夺得中国射箭史上第一枚奥运金牌。彻底打破了韩国人在这个项目上不可战胜的神话。

回到比赛现场

比赛当天，赛场一直风雨交加。在1/4决赛中，张娟娟的对手朱贤贞明显不适应恶劣天气，接连射出7环和6环的成绩，最终以101比106败下阵来；半决赛中张娟娟面对尹玉姬毫不手软，前三箭接连命中10环，最后以平奥运会纪录的115环击败了对手的109环。

最后在决赛中，张娟娟面对的是曾在雅典奥运会女子团体决赛中最后一箭命中10环，使得韩国队以一环优势险胜中国队夺金的朴成贤；而在这次的个人决赛中，张娟娟"以彼之道还治彼身"，在最后一箭需要取得9环来夺冠的情况下，稳稳地放出了一箭9环，夺得了金牌。

24 人卫队保驾

张娟娟连胜三名韩国选手夺取北京奥运会射箭女子个人金牌的那一幕，必将长久留在人们的记忆之中。而为了那一刻，不仅有张娟娟个人的付出，同时也凝聚着很多幕后人的心血。

早在 1997 年年初，张娟娟就进入山东省体育局青岛训练基地从事射箭训练，并从这里一步步走向全国、走向世界。

对于北京奥运会，张娟娟早就憋

张娟娟在比赛中

着一股劲，要打破韩国人自从 1984 年奥运会开始对女子项目金牌的垄断。同样是为了这个目标，并及时解决张娟娟在训练和生活中出现的问题，山东省体育局青岛训练基地早在 2007 年年底——中国射箭奥运选拔队刚刚组建时，就派出一支包括科研、训练、医疗、管理等人员组成的复合型团队，始终跟随国家队南征北战。

据山东省体育局青岛训练基地主任张柄臣介绍，最多的时候，这个团队的人数曾达到 24 人。在近一年的时间里，他们积极配合国家队，围绕张娟娟的备战和参赛工作，将可能出现的问题逐一分析，并一一做出预案，从而最大限度地保障了张娟娟以及姜林等其他山东队员在这次奥运会上能以最佳状态出战。

两位功勋教头

在这 24 人的卫队中，有两个人功勋卓著，一个是王国章，他是山东射箭队的总教练，也是中国射箭界的元老级人物；另一个，是山东省体育局青岛训练基地专门聘请来的韩国教练林寅泽，无论是在韩国还是中国射箭界，都是响当当的人物。

还在中国射箭队于年初在广东集训的时候，山东省体育局青岛训练基地就想方设法让林寅泽进入到国家队，对张娟娟进行了一些特别指导，帮助她解决了一些技术上的难点。2008年4月，当中国射箭队参加奥运队伍组建完毕并移师北京之后，山东省体育局青岛训练基地又积极与有关方面沟通，推荐王国章到国家队担任顾问。正是在中韩教练的密切配合之下，张娟娟的技战术水平得以稳步提升。

火气点燃激情

尽管有来自山东省体育局青岛训练基地细致入微的保障，但张娟娟的备战工作还是出现了问题，那是在法国举行的世界杯赛上，离北京奥运会开赛只有一个半月的时候。

当时，张娟娟在女子个人赛半决赛中遇到了韩国的尹玉姬，她是韩国女子射箭队中仅次于朴成贤的二号选手。前6支箭，张娟娟发挥非常出色，领先了尹玉姬7环，但随即，张娟娟的心理出现波动，在后6支箭中输给了尹玉姬9环，终以2环之差无缘世界杯决赛。作为山东省体育局青岛训练基地保障大军的领头人，张柄臣恰好在现场观看了那场比赛。一看当时的形势，他立即就火了，找到国家体育总局射击射箭运动管理中心负责人反映，为什么国家队的教练员在队员心理出现波动的时候不能及时进行指导，帮助队员迅速稳定情绪？张柄臣的这次发火，进而也在国家队引发了一次"整风运动"，极大地调动了国家队向金牌发起冲击的信心，并进一步鼓起了包括张娟娟在内的所有队员的士气和斗志。

鸡蛋里挑骨头

射箭运动对于运动员的心理控制能力要求特别高。为了提高队员在这方面的应对能力，射箭强国韩国曾采用过很多办法，像把蛇放入女队员的口袋里，晚上把她们独自放到坟墓里等等，可谓怪招迭出。而在这次备战奥运会的过程中，中国队也使用过不少办法，其中一种被国家体育总局射击射箭运动管理中心主任高志丹总结为"贴身训练法"。这一办法，是由山东省体育局青岛训练基地想出来的。

据张柄臣介绍，这个办法，实际上就是对队员在日常训练和比赛时故意制造干扰，比如，队员正在凝神击发时，突然敲出一记锣响；一旦有队员射出较低环数时，则在外大声喝倒彩，以"真臭"等语言进行刺激。作为中国女子射箭队一号选手的张娟娟，自然也是这种

张娟娟赛场英姿

模拟战的重点照顾对象，对于她，很多时候甚至是故意找茬，一定要"鸡蛋里挑骨头"，总之是不能让她安安稳稳地进行日常训练和比赛。

喊到嗓子出血

张娟娟在夺冠之后曾经感慨地表示："最让我感动的是现场观众，他们一直冒雨为我加油，给了我很大的力量。"

将现场观众情绪调动起来的，就是来自山东省体育局青岛训练基地的拉拉队员。在张娟娟比赛期间，他们先后派出两批共33人专门负责去赛场营造气氛。这些拉拉队员住在北京南城，每天早上6时50分准时出发，一直到晚上所有比赛结束之后才离开赛场。他们被分成几个小组，每组负责一个看台，任务是不管场上出现什么情况，都一定要引导观众去为中国队员加油助威。为此，仅在第一个比赛日，这些拉拉队员就有8人喊哑了嗓子。张娟娟进行个人决赛的那天，已有很多人嗓子出血喊不出声音，不得不紧急又从青岛召集了一些人来。

这期间，还出现了一个小插曲。为营造现场气氛，山东省体育局青

岛训练基地派人采购了 20 面大旗、500 面小旗和 1000 条彩带，准备发放给现场观众。结果，就在一名教练员带着这些东西奔向赛场时，却被安保人员当作不法商贩给扣了起来，好不容易才解释清楚了。

为了保证这些拉拉队员进场，林寅泽也出了不少力。因为射箭在韩国非常受欢迎，大部分票早就被韩国人提前预定去了。无奈之下，省体育局青岛训练基地想办法把与中国队有关的比赛票每场都买了 20 张。

正是在这么多人的助力下，张娟娟依靠着顽强拼搏的精神，克服重重困难，实现了中国女子射箭历史上两个零的突破并破解逢韩不胜的魔咒，先是在 2001 年世锦赛上带领中国队夺得了女子团体冠军，结束了逢韩不胜的历史，接着在 2008 年北京奥运会上夺得女子个人冠军，这样瞩目的成绩足以使她被中国人记住，被世界射箭运动的历史记录。

PART 11 历史档案

历届奥运射击中国冠军

第 23 届洛杉矶奥运会

许海峰　男子自选手枪慢射，566 环

李玉伟　男子 50 米移动靶标准速，587 环

吴小旋　女子小口径标准步枪，581 环

第 25 届巴塞罗那奥运会

王义夫　男子气手枪，684.8 环

张　山　双向飞碟，223 靶

第 26 届亚特兰大奥运会

李对红　女子 25 米运动手枪，687.9 环

杨　凌　男子 10 米移动靶，685.8 环

第 27 届悉尼奥运会

陶璐娜　女子 10 米气手枪

蔡亚林　男子 10 米气步枪

杨　凌　男子 10 米移动靶

第 28 届雅典奥运会

杜　丽　女子 10 米气步枪，502 环

王义夫　男子 10 米气手枪，690.0 环

朱启南　男子 10 米气步枪，702.7 环

贾占波　男子步枪 3×40，1264.5 环

第 29 届北京奥运会运动会

庞　伟　男子 10 米气手枪，688.2 环

郭文珺　女子 10 米气手枪，492.3 环，破奥运会纪录

陈　颖　女子 25 米手枪，585 环

杜　丽　女子 50 米步枪 3×20，690.3 环，破决赛奥运会记录

邱　健　男子 50 米步枪 3×40，1272.5 环

第 30 届伦敦奥运会

易思玲　女子 10 米气步枪，502.9 环

郭文珺　女子 10 米气手枪，488.1 环

历届奥运射箭冠军

	1984 洛杉矶	1988 汉城	1992 巴塞罗那	1996 亚特兰大	2000 悉尼	2004 雅典	2008 北京	2012 伦敦
男子个人	达·佩斯 美国	巴尔斯 美国	塞·弗吕特 法国	贾斯廷·休伊什 美国	法尔外泽·西蒙 澳大利亚	加里亚佐 意大利	维克托·鲁班 乌克兰	吴真爀 韩国
男子团体		韩国队	西班牙队	美国队	韩国队	韩国队	韩国队	意大利队
女子个人	徐香顺 韩国	金水宁 韩国	赵允顶 韩国	金京郁 韩国	尹美静 韩国	朴成贤 韩国	张娟娟 中国	奇甫倍 韩国
女子团体		韩国队	韩国队	韩国队	韩国队	韩国队	韩国队	韩国队